AF267532

VOYAGE D'UN FLAN

DANS LES RUES DE PARIS,

Tableau lithographico-comique

CONTENANT

LES PORTRAITS EN PIED DE TOUTES LES CÉLÉBRITÉS

QUI COURENT,

Tels que Marchands ambulants, Tireuses de cartes, ours,
Oracles de la bonne aventure, Nécromanciens, Diseurs de
bonne aventure, [illegible], Allumeurs de tout, Monteurs
de [illegible], [illegible] et autres Banquistes
[illegible] — Mouches,
[illegible] Arracheurs de dents, Régénérateurs
[illegible] Empoisonneurs de Mort-aux-rats,
[illegible] Destructeurs

[illegible]

de M. [illegible]

PARIS,

CHEZ LES MARCHANDS DE NOUVEAUTÉS.

1839.

VOYAGE
D'UN FLANEUR.

—

IMPRIMERIE DE P. BAUDOUIN,
Rue Mignon, 2.

—

VOYAGE
D'UN FLANEUR,

DANS

LES RUES DE PARIS,

Album biographique grotesque,

CONTENANT :

LES PORTRAITS EN MINIATURE DE TOUTES LES CÉLÉBRITÉS EN PLEIN VENT.

Recueillis et saisis
A la volée par le petit fils
DE M. MUZARD.

—

PARIS,
CHEZ LES MARCHANDS DE NOUVEAUTÉS.

—

1839.

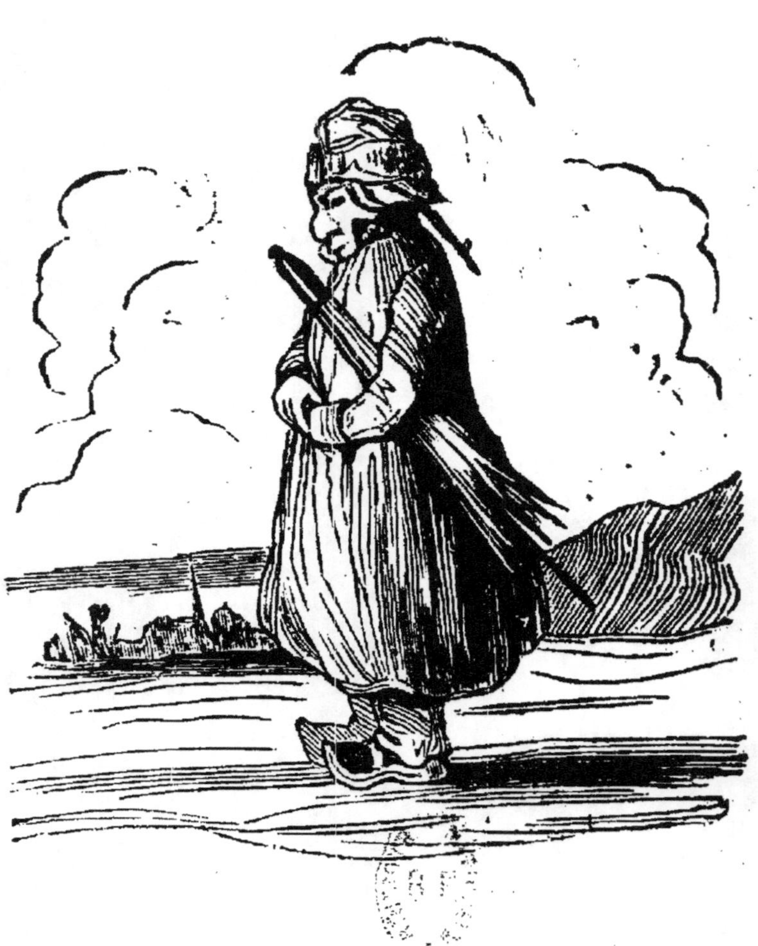

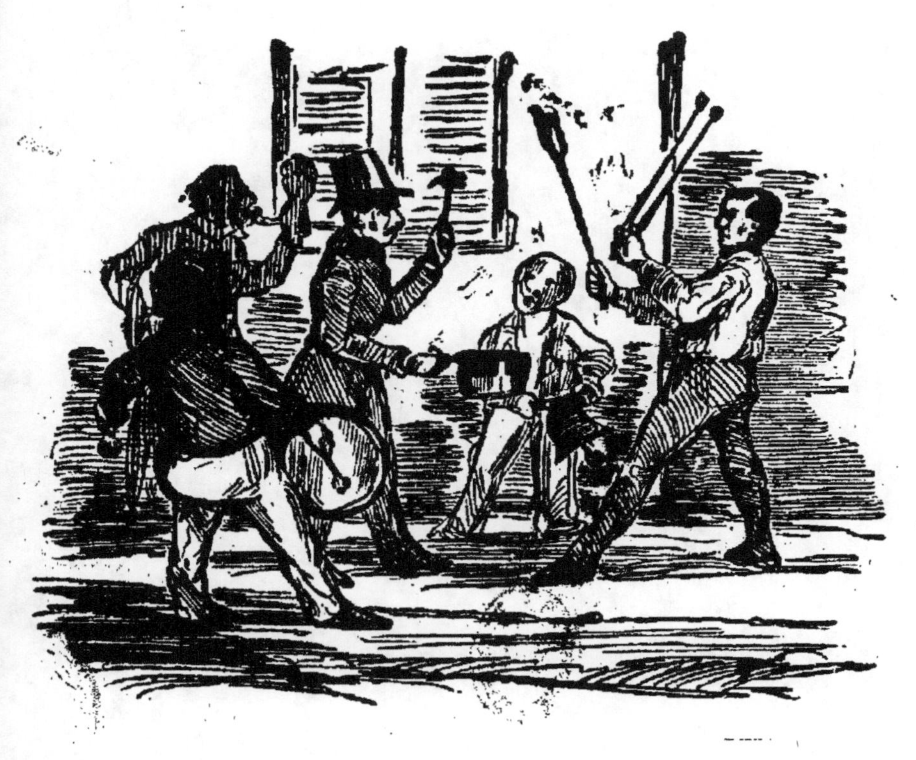

LES
CÉLÉBRITÉS
POPULAIRES..

LE GRIMACIER.

Voyez ce seigneur dont la perruque est si fabuleusement ébouriffée;
admirez ses gesticulations, ses dé-
monstrations, ses exclamations. Ce
seigneur est dans son grand costume : bas de soie, culotte de
panne, habit de camelot brodé, et
tout cela d'une ampleur qui prouve
sa magnificence.

Sur son nez reposent ses immenses
lunettes de carton ; déjà elles pren-
nent le mouvement du balancier ;

1

une vingtaine de grimaces épouvan-
tables et d'autant plus réjouis-
santes, préludent en mesure avec
les sons harmoniques et vraiment
harmonieux de son excellent violon,
lequel se compose d'une planche sur
laquelle est tendue une ficelle dont
l'extrémité repose sur une vessie de
mouton en guise de chevalet. Prêt
à chanter, rire et pleurer à la fois,
il tousse, et sa voix enrhumée entonne :

C'est la belle Bourbonnaise, etc.

Il y a eu deux Bourbonnaises :
l'une, *qui avait des écus ;* c'était,
dit-on, une fort jolie nymphe du

port au **Blé**. Celle dont il est ici question *est fort mal à son aise*; ce fut une courtisane célèbre, déçue de son espoir et tout à coup précipitée du plus haut point de grandeur et de prospérité. La courtisane est oubliée, mais, grâce aux admirables contorsions qui doivent accompagner sa complainte, l'on chante encore et l'on chantera toujours, sans avoir besoin d'aucune allusion :

La belle Bourbonnaise, etc.

L'HOMME INSENSIBLE.

Le premier prodige qu'opère l'homme insensible, lorsque son paillasse est parvenu à rassembler un assez grand nombre de spectateurs, c'est de s'introduire une baguette dans l'œsophage, et de la faire pénétrer dans les intestins jusqu'au *non plus ultrà;* elle doit même y décrire une courbe, car elle est plus longue que le coffre du personnage, et ne laisse d'excdéent à l'entrée qu'autant qu'il en faut pour la ressaisir.

Si cette première expérience est suffisamment appréciée par les spectateurs, l'homme insensible passe à la seconde; il porte alors une épingle à sa bouche, l'enfonce dan. l'une de ses joues, et de la pointe que l'on voit saillir en dehors, il forme un crochet où il suspend une montre; puis il saisit avec ses mains nues une barre de fer rouge, chauffée en présence même des spectateurs, l'enlève au-dessus de sa tête, et reste dans cette attitude pendant quelques instans.

« Messieurs, dit alors le Paillasse aux spectateurs, il ne faut pas que cela vous étonne; car je lui ai vu faire des choses bien plus extraordinaire. Ainsi un jour que nous

traversions un forêt, nous fûmes at-
taqués par plusieurs brigands armés
jusqu'aux dents ; mon maître se dé
fendit vigoureusement et il en avait
déjà mis trois hors de combat, lorsqu'il reçut un coup de sabre si violent que sa tête fut séparée du reste
du corps. Un autre à sa place serait
certainement tombé ; mais lui qui
n'avait rien senti, continua à se
battre et finit par tuer tous les brigands.

— Paillasse, me dit alors la tête
de mon maître, tu vois bien que je
ne suis pas ici dans mon assiette or-
dinaire.

En effet, elle avait roulé dans un

fossé où elle prenait un bain froid d'autant moins agréable que nous étions alors en hiver. Je la ramassai donc ; je la replaçai proprement sur les épaules où elle avait l'habitude de siéger ; je la soudai avec la baume merveilleux que contiennent les fioles que vous voyez sur cette table, et le lendemain il n'y paraissait plus.

— Maintenant, messieurs et mesdames, qui veut de mon baume ? Chaque fiole se vend la bagatelle de six sous ! et elle contient de quoi faire ressusciter une douzaine de morts, ce qui met la résurrection à deux liards.... Vous conviendrez que cela ne vaut pas la peine de se faire enterrer. »

LE GRAND SUISSE.

LeGrand-Suisse était un personnage que parcourait les rues de
Paris en calèche, laquelle était suivie
d'un second char que remplissait un
groupe de musiciens tous magnifiquement vêtus, et faisant entendre
une musique militaire. On eût dit
une marche triomphale. Dès que le
cortège s'était arrêté, le Grand-
Suisse revêtu d'un manteau galonné
en or, se levait, ôtait son large chapeau, essuyait ses larges moustaches, et disait aux spectateurs :
« Messieurs, mesdames, c'est le vé-
« ritable vulnéraire suisse ou thé

« Suisse que j'ai l'honneur de vous
« prévenir que ce vulnéraire a la
« vertu et les propriétés sûres de
« purifier la masse du sang, qu'il
« fait transpirer par les sueurs et
« par les urines ; qu'il enlève toutes
« les jaunisses ; qu'il fait sortir toutes
« les vermines ou vers du corps hu-
« main ; qu'il guérit du poumon ,
« lorsqu'on s'y prend à temps et
« qu'on en fait l'usage pendant six
« mois ; qu'il enlève toutes les opi-
« lations aux filles et aux femmes ;
« qu'il enlève toutes les fièvres ,
« qu'il empêche qu'elles ne viennent
« à ceux qui ne les ont pas ; qu'il
« est excellent pour les temps criti-

« ques des femmes, en continuant
« jusqu'à parfaite guérison pour le
« retour de l'âge, etc. »

Ces paroles étaient suivies d'une
fanfare, pendant laquelle le public
s'approvisionnait en cadence, et la
fanfare terminée, le cortége s'éloi-
gnait pour aller recommencer sur
une autre place.

Le Grand-Suisse a fait une fortune
considérable, et il n'a pas manqué
d'imitateurs ; mais aucun n'a été
aussi heureux que lui. Nous avons
aujourd'hui la monnaie de cet
homme célèbre, c'est à dire un certain nombre de petits Suisses en
habit rouge, qui parcourent les halles

et marchés pédestrement et offrent
leur vulnéraire aux dames de ces
parages restées fidèles au merveilleux spécifique.

DUVERNY.

Ce personnage était aveugle ; il
composait des chansons, les chantait
et les débitait lui-même. Mais il ne
faut pas croire que ce fût un rimail-
leur dans le genre de nos faiseurs
de couplets de circonstance !

Voici quelques uns de ses couplets qui pourront donner une idée
de son esprit.

L'AVEUGLE SANS CHAGRIN.

AIR : *Au coin du feu.*

Je suis heureux sans doute,
Amis, de n'y voir goutte,
　Car c'est un bien.
Restons comme nous sommes :
Du mal que font les hommes
　Je ne vois rien.

Assis près d'Armandine,
Parfois je la lutine,
　Car c'est un bien.
Me pousse-t-on du coude,
Fait-on celle qui boude,
　Je n'y vois rien.

Souvent elle se sauve
Jusqu'au fond de l'alcove :
　Je la suis bien.
Finis, tu me chiffonne,
Mais je te le pardonne,
　Tu n'y vois rien.

Ce joyeux personnage possédait
un autre talent bien extraordinaire.
Malgré sa cécité, il faisait en pu-

blic des tours de cartes, si subtilement exécutés que souvent c'étaient
les spectateurs qui n'y voyaient
goutte.

Nous avons maintenant un grand
nombre d'aveugles, sans compter
les maris de presque toutes les jolies
femmes ; mais ce ne sont que des
infirmes : les poëtes et les sorciers
sont morts.

LE MARCHAND DE FROMAGE.

C'est un gros réjoui, un beau
vieillard à la figure fraîche et ver-
meille. Il vend des fromages de
Neuchâtel. Il a une voix de Stentor.

Sa poitrine est si bonne et sa respiration tellement libre qu'il fait sur le m. *fromages* une cadence qui dure cinq ou six minutes, et sa voix, loin de s'affaiblir sur les dernières lettres, se prolonge et tout à coup renforcit le son au point que toutes les vitres en retentissent. C'est ainsi qu'il fait entendre Froma - aaa - aaa aaa - aaa-ge à la crEUme ; il prononce ensuite d'un ton plein et soutenu : *Fromages de Neuchâtel. En voulez-vous des fromages?*

Un jour que ce marchand avait déposé son panier sur le seuil d'une porte pour satisfaire un besoin, un gros matou s'approcha honteusement et s'empara d'un fromage. Le marchand qui aperçoit le voleur court après lui. Le chat enfile un escalier et gagne les gouttières ; le marchand veut le suivre sur ce terrain, mais le pied lui manque et il tombe de quarante pieds de haut sur le panier qu'il a laissé dans la rue. On le croit mort, on accourt ; mais il se relève seul, et reconnaît avec douleur que son large d'errière a réduit toute sa marchandise en bouillie ; il s'écrie alors : quel malheur ! de si bon Neuchâtel !.. Encore si j'étais tombé la tête la première ! Depuis quelque temps ce personnage a disparu.

LE MARCHAND D'ENCRE.

TÊTE découverte, cheveux ébou-
riffés , face large , noire et enlu-
minée. Il s'arrête par intervalles ,
se retourne et fait entendre, d'une
voix enrhumée, *ce récitatif*, qu'il
accélère sans reprendre haleine et
termine enfin brusquement : *C'est
moi ! V'là qu' c'est moi, c'est lui,
v'là qu' c'est moi; comm'ça , madame , on en a jamais vu comm'ca,
jamais comm'ça mia mia mia mia
mia mia mia mia , jamais , jamais
d' pareil d' ça !* Il y a ici quelque
chose du bredouillement des Cris-
pins. Ce personnage est ordinai-

rement accompagné de sa femme et d'un âne chargé de la marchandise qu'il débite. Une de ses pratiques s'étant aperçue qu'il traitait beaucoup mieux son âne que sa femme, lui en fit des reproches. — Ecoutez donc, répondit le marchand, l'âne me coûte 60 f., et je ne le donnerais pas pour cent ; la femme ne me coûte rien, et je la donnerais volontiers sans bénéfice.

LE MARCHAND D'ÉPONGES ET SON CHIEN.

Ces deux personnages ne sont plus ; mais il n'est pas de parisien

qui n'ait connu le marchand d'é-
ponges et son chien , intelligent
animal qui s'est fait par sa fidélité
une réputation universelle.

Le marchrnd d'éponges allait de
rue en rue avec une manne chargée , qu'il portait d'un côté en
criant , tandis que son chien che-
minait silencieusement, supportant
l'autre côté à l'aide d'un mouchoir
qu'il tenait dans ses dents. Cette
occupation était pénible pour tous
deux , surtout par les grandes cha-
leurs. Un jour d'été, comme ils
rentraient pour prendre leur repas
)ils le prenaient toujours ensemble),
la fatigue les accablait. Le maître

met la table , ou pour mieux dire il
n'en mettait jamais ; il donne un
bon morceau de pain à son compa-
gnon , en coupe un pour lui-même;
voulant se régaler , il ajoute au sien
un morceau de volaille froide et
s'assied tenant son dîner sous son
pouce.

Cependant , tel était l'accable-
ment qu'ils éprouvaient l'un et
l'autre qu'au lieu de manger ils
s'endorment. Le chien s'éveille le
premier et se livre paisiblement au
modeste repas qui lui est accordé.
Il sent bien que celui de son maître
est un peu meilleur que le sien ;
mais il n'y toucherait pas pour tout

au monde. Hélas! une fatalité cons-
pirait contre lui : le maître se ré-
veille à son tour et ne trouve plus
en sa main que le pain sur lequel il
avait posé son mets. Un affreux
soupçon frappe sa pensée ; il se lève... Il est des instans malheureux,
des momens où soi-même on ne se
reconnaît plus... Hors de lui, il
saisit un bâton noueux et en assenne
un coup terrible sur la tête de son
chien!.. Le coup à peine est porté
qu'il se repent. Il court à son com-
pagnon : O mon pauvre Jupiter,
lui disait-il (Jupiter était le nom
de ce chien célèbre), il l'appelle ,
il le flatte,.. O douleur, ô saisisse-

ment, son chien ne répond plus,
Jupiter est mourant, immobile...
En ce moment, il aperçoit à terre
ce mets funeste et cause d'une fureur aussi injuste que barbare...
A cette vue ses forces l'abandon-
nent, il se précipite sur son malheureux et fidèle serviteur, il le
serre dans ses bras, il l'arrose de
ses larmes et sent qu'il ne pourra
lui survivre... En effet, le chien
expire, et un moment après le maître a cessé d'exister.

Ainsi moururent le marchand
d'éponges et son chien.

LE TONDEUR DE CHIEN.

Voici l'une des enseignes les plus remarquables du Pont-Neuf.

> *Joseph Lorin*
> *tons lé chien va*
> *en vile coupe*
> *lé chât et sa*
> *fame Lessez*
> *votre adrece.*

Joseph Lorin est connu de tous les caniches de Paris, et sa barbare moitié a fait, dans la race féline, plus d'eunuques qu'il n'en faudrait pour la garde de tous les harems de l'Asie.

L'AVEUGLE MARCHAND DE BILLETS DE LOTERIE.

Figurez-vous un grand homme sec, adossé contre un parapet et toujours debout, qui de minute en minute se courbe presque en deux, tend le nez en avant, et ouvrant une large bouche s'écrie d'une voix lamentable : *Ah ! voyez donc, messieurs, mesdames, mon dernier en passant !* Pendant cette exclamation, ses deux mains, chargées de billets de loterie, sont fortement pressées entre ses cuisses ; il se redresse aussitôt après.

Comme l'Aveugle à la grande barbe , il fut un jour la dupe d'un plaisant ; quelques-uns trouvèrent même le tour assez risible. Un passant, après avoir tenu et examiné un de ses billets de loterie , le lui avait rendu , disant qu'il ne lui convenait pas : observons qu'il y avait substitué un billet d'attrape taillé dans les mêmes proportions. Un second amateur s'avance. « Prenez celui-ci, lui dit aussitôt l'Aveugle , en lui présentant le billet qu'on venait de lui rendre , prenez celui-ci, c'est le bon , tout-à-l'heure on me l'a refusé. » L'amateur crut d'abord qu'il plaisantait, et voulut choisir, mais l'Aveugle se mettait en quatre pour l'engager à n'en pas choisir d'autres. « Prenez, répétait-il, vous m'en saurez gré, celui-ci est le meilleur. » Il fallut bien lui faire connaître enfin ce qu'il voulait faire prendre : c'était une feuille de papier blanc. On se peint ses lamentations : l'auteur de la pièce, qui s'était arrêté à quelques pas pour en examiner les suites, se hâta d'y venir mettre fin en avouan t sa plaisanterie.

Depuis la suppression de la loterie, cet aveugle vend plusieurs petits livres tels que *Le Conducteur des étrangers dans Paris, La Règle du piquet*, etc., mais ce commerce ne vaut pas l'autre : — Ah ! dit-il aux gens qui lui rappellent le passé, où est-il ce bon temps où je donnais quinze cents francs pour douze sous !... Et dire que ces bavards de là-bas ont supprimé cela sous prétexte que ça ruinait le peuple !...

LE DISLOQUÉ.

Auteur d'une nouvelle danse à caractère qu'il exécute, les jambes pliées en arrière et appliquées à son cou. Il se transforme ensuite en motte de terre pour aller à la chasse ; son corps et tous ses membres ne formant plus qu'une boule, il imite le bruit d'un coup de fusil et se met à rouler, comme courant à la recherche de la pièce de gibier que l'arme a dû abattre. Dans cette situation, il casse un noyau de pêche et aplatit une balle de plomb avec son derrière, dont il se sert en ce moment avec autant de succès, qu'un paveur de la pièce de bois ronde et ferrée qu'on appelle demoiselle. Aujourd'hui que les rues de Paris semblent être divisées en rues qu'on ne pave jamais et en rues que l'on pave toujours, nous reeommandons à l'autorité munici-pale le postérieur de cet utile per-sonnage.

SCARAMOUCHE.

Puisque nous avons parlé de Po-lichinelle, il est juste que nous di-sions quelque chose de Scaramouche qui fut pendant long-temps aussi célèbre dans les rues de Paris que le roi des marionnettes, et dont l'his-toire est beaucoup plus intéressante. Cette histoire est vraiment éton-nante, et l'on ne saurait trouver ailleurs d'aussi délicieuses bouffonneries ; aussi la donnons-nous ici telle qu'elle fut écrite par un contemporain de cet illustre personnage.

Le premier Scaramouche se nommait Tiberio Fiorelli. Il naquit à Naples en 1608. Son père, qui était gentilhomme et capitaine de chevaux, s'étant avisé dans une contestation de tuer le frère d'un évêque, n'eut que le temps de fuir en pays étranger, et se vit contraint de se mettre marchand d'orviétan. Il avait deux fils qu'il avait emmenés ; Scaramouche, le plus jeune, et qui était même encore à la mamelle, annonçait qu'il serait un mangeur insatiable, car il épuisait chaque jour le sein de deux nourrices, et en effet on le verra toute sa vie un terrible gastronome. Il ne grandit pas sans que cette disposition se manifestât de plus en plus; la chose en vint au point, qu'il dérobait à son père des boîtes de mithridate, qu'il vendait en secret pour se procurer un supplément à son régime habituel. Son père s'en étant aperçu, craignit qu'un tel glouton ne le ruinât, et finit par le chasser à coups de bâton. Scaramouche avait alors dix-huit ans.

C'est ici que notre personnage va commencer à donner carrière à son génie inventif. Parcourant tour à tour les diverses villes d'Italie, partout il se signalera par de nouveaux exploits. C'est à Rome qu'il débuta. Son premier expédient pour se procurer des moyens d'existence, n'est qu'une ruse assez innocente. Il s'établit à la porte d'un marchand de tabac; là, demandant une prise à tous ceux qui sortaient, il enfonçait les quatre doigts et le pouce dans la tabatière, et déposait aussitôt son butin dans une boîte cachée sous son manteau. Quand il s'était procuré ainsi une petite provision, il la mélangeait amplement de divers ingrédiens, et revenait vendre le tout au même marchand, qui ad-

mirant cette excellente composition
la nommait, dit le très véridique
historien, du *tabac de mille fleurs.*
Ce petit trafic pouvait durer long-
temps, sans la brutalité d'un suisse
du pape, qui se tint pour offensé
que Scaramouche osât demander à
prendre une prise dans sa tabatière,
et le fit éloigner à grands coups de
hallebarde.

Notre héros dévora cet affront, et
passa à Civita-Vecchia, où il se
vengea aussitôt sur deux esclaves
turcs des galères du pape, en leur
dérobant une somme d'argent qu'ils
s'amusaient à compter sur le port.
Déchirant un pan de sa chemise, il

eut l'adresse de le substituer au linge
dans lequel ils déposaient leurs espèces ; il les fit ensuite arrêter
comme voleurs, et la pièce de con-
viction parut si frappante, qu'ils
furent encore sévèrement châtiés.
Ceci était un véritable trait de génie.
Malheureusement, il fut peu profi-
-table à notre voyageur : Scaramouche s'habilla magnifiquement,
prit un valet, fit bombance ; mais
après la bombance, il s'endormit ;
pendant le sommeil, le valet prit les
écus, le dépouilla même de ses riches
habits, et le laissa aussi nu qu'il était
venu au monde.

Scaramouche fit alors l'état de

mendiant, se donnant pour un pauvre esclave racheté des mains des
Turcs ; stratagème qui pensa lui
être funeste à Ancône, où un capitaine de galères prétendit le reconnaître pour un forçat échappé, et
lui fit provisoirement donner la
bastonnade. Cette erreur provenait
du nouveau costume de notre voyageur. Son hôte, ayant eu pitié de
lui à son réveil, l'avait revêtu d'une
souquenille d'esclave, et par recon-
naissance le pélerin avait emporté
la crémaillère, qui, ressemblant un
peu à une chaîne de galérien, servait d'attestation à tout ce qu'il débitait aux passans. Le capitaine re-

connut son tort en retrouvant son forçat.

C'est en sortant de cette extrême danger, que Scaramouche imagina de se faire comédien. Il ne pouvait prendre un meilleur parti ; il était fort bel homme, doué d'une imagination vive, et excellent grimacier. Il alla donc trouver une troupe, à laquelle il se présenta pour un acteur consommé, et demanda à débuter dans le *Festin de Pierre* « qu'il « estimait sur toutes les autres co- « médies, dit Mezetin, à cause du « repas qu'on y fait. Il obtint un « succès extraordinaire, et ayant « parfaitement réussi dans le cours

« de la pièce, il fit encore si bien son
« devoir au repas, qu'il pensa *crever*
« au milieu des applaudissemens. Le
« public, continue Mezetin, fut si
« charmé de cette première repré-
« sentation, qu'il en demanda une
« seconde avec empressement. Sca-
« ramouche y consentit volontiers ;
« et au lieu des œufs durs dont il se
« remplit la première fois, il mangea
« un gros poulet d'Inde, deux per-
« dreaux et une tourte de pigeon-
« neaux. »

La célébrité de Scaramouche lui
attira les bonnes grâces du jeune duc
de Mantoue, dont, par divers stra-
tagèmes assez plaisans, il mit la li-

béralité à contribution. Il était en
bonne fortune, il ne put s'y tenir
encore. Il s'en fut à Bologne, où le
grand-prévôt l'ayant surpris avec
une de ses maîtresses, le fit jeter
en prison. Parvenu bientôt à s'éva-
der, Scaramouche, au sortir d'une
église, se vengea de ce magistrat,
en coupant les boutons d'or qu'il
avait à son manteau d'écarlate. Le
grand-prévôt, lorsqu'il s'aperçut
d'un tour aussi hardi, fit dans sa
colère arrêter un grand nombre de
coupeurs de bourses, et cependant
il ne put découvrir le coupable.
Peu satisfait encore, Scaramouche,
un jour qu'il savait son ennemi ab,

sent, se présente chez lui un garçon tailleur, dit que M. le prévôt a retrouvé ses boutons, qu'il vient de sa part les recoudre, et réussit à emporter le manteau.

De là, il s'enfuit à Florence, d'où il passa à Livourne, faisant la route aux dépens de deux Juifs aux-quels il persuada que ses parens l'avaient forcé de se dire chrétien, mais qu'il était au fond un des plus fidèles sectateurs de la loi d'Israel, et qu'à la prochaine synagogue il professerait hautement sa croyance. Ces bons Hébreux, à leur arrivée, l'hébergèrent, à condition pour-tant qu'il leur paierait tant par jour.

Notre néophyte accepta encore , et finit par aller trouver l'inquisiteur , qui sur sa déposition, que ces hommes maudits de Dieu voulaient le forcer à changer de religion , les fit venir aussitôt et leur ordonna , sans même les entendre , de laisser partir Scaramouche , de lui rendre tous ses effets , et de lui payer en outre dix pistoles d'Espagne.

Scaramouche alors s'embarqua dans une tartane qui faisait voile pour Naples , et trouva encore aux dépens de qui faire la traversée. Ce fut cette fois aux frais de deux bons religieux ; mais il eut d'abord assez de peine à les émouvoir ; aussi

employa-t-il les plus grandes dé-
monstrations. Il commença par
entonner les *Litanies des Saints*,
et continua d'une voix extrêmement
dévote; il chanta ensuite le *Credo*,
le *Salve* et le *De profundis*. Après
ces prières, il demeura plus d'une
heure à genoux, feignant d'être
plongé dans une méditation très
profonde, et au fond très intrigué,
parce que l'heure du dîner approchait sans amener aucun dénoue-
ment.

Enfin, un des bons pères vint le
faire sortir de ses longues extases,
et le loua beaucoup de sa dévotion.
Scaramouche respira : comme le

religieux lui faisait des questions sur son nom et sur son pays, il en conta tant et tant, se dit si riche et pourtant si décidé à se faire religieux dès qu'il aurait terminé son humble pélerinage à Saint-Antoine de Padoue, que, parmi les passagers, ce fut à qui offrirait sa table à ce pieux voyageur ; mais il n'accepta que celle des bons pères, voulant, disait-il, prendre un avant-goût de la pénitence monastique. Il s'assit donc à cette table qui méritait bien en effet la préférence, et attaqua aussitôt tous les mets avec une telle rapidité, qu'en moins de quelques minutes les bons religieux se virent desservis. Un d'eux ayant voulu prendre la parole , il l'interrompit sur-le-champ , pour lui rappeler combien il est sage d'observer le silence. « Scaramouche , voyant que les pères ne mangeaient plus , se leva de table ayant la larme à l'œil , et levant les mains au ciel. Les pères , voulant savoir pourquoi il pleurait, il leur dit que c'était de la joye qu'il avait d'etre tombé en de si bonnes mains ; mais le vrai motif de ses pleurs etait d'avoir vu desservir un chapon gras sur lequel il n'avait osé toucher. »

Satisfait de ses hôtes, Scaramouche ne pensait pas en pouvoir rien

désirer rien de plus, lorsqū'un des
pères s'avisa de conter : « Que le
« pape luy avoit fait présent d'un
« crucifix d'or, qu'il n'estimoit pas
« tant pour sa valeur (quoiqu'il
« pesât cinquante pistoles) que
« parce qu'il avait la vertu de
« chasser les démons. » Aussitôt
notre larron de faire des grimaces
doubles, simples et compliquées ,
de rouler les yeux , d'écumer de la
bouche, et de jouer enfin avec tant
de succès et à tant de reprises le
rôle de possédé, qu'étant parvenu
à obtenir que la croix d'or restât
quelque temps en ses mains pour le
préserver d'une rechute, il s'élança

tout à coup dans une chaloupe qu
était venue au-devant de la tartane,[1]
et disparut avec le bijou de
cinquante pistoles.

Scaramouche eut bientôt mangé
à Naples tout ce qu'il avait amassé,
et prit encore le parti de se faire
comédien. Son beau physique et
son jeu burlesque ravirent le duc
de Satrian, qui fit venir la troupe
dans son palais, et voulut que Scaramouche s'assît à sa table. Celui-ci
répondit à tant d'honneur en esca-
motant deux flambeaux d'argent,
et s'en accusa ensuite d'une manière
si bouffonne, que le duc de Castre
voulut à son tour accueillir chez lui

un si grand personnage, et y fit élever un théâtre ; mais ici une rencontre assez fâcheuse attendait e héros. Le religieux à la croix d'or se trouvait dans les jardins ; il remarqua au travers d'une palissade un acteur occupé à répéter son rôle, et à ses horribles grimaces il jugea que c'était son homme possédé du démon. Il ne se trompait pas ; il cria au voleur : ce contre-temps mit fin au spectacle ; car Scaramouche, se voyant saisi par son manteau, imita Joseph chez Putiphar, s'éloigna en toute hâte, rentra chez lui, rassembla ses effets, et courant sur le port, s'embarqua aussitôt sur un vaisseau qui précisément allait mettre à la voile pour Malte.

Cette traversée devait aussi avoir ses peines, mais elle eut avant tout ses plaisirs. Une belle Espagnole, qui était la maîtresse du capitaine, se prit de passion pour Scaramouche ; et après lui avoir lancé tout le jour des œillades pleines de feu, lui fit dire pendant la nuit, par son esclave, que son amant était retenu sur le tillac. La cause de cette absence n'était pas très favorable à l'amour, car on éprouvait alors une tempête affreuse, et Scaramouche était à moitié mort de peur. Il suivit pourtant l'esclave, et le courage lui revint bientôt à ces douces paroles de sa belle : *Mi coraçon, mi ojos, mi alma, vengas, senor Tiberio, vengas ?*

Pendant ce temps, l'orage augmentait toujours, et le capitaine, pour alléger son vaisseau, prit le parti de faire jeter beaucoup d'effets à la mer. Scaramouche, qui s'était vu obligé d'abandonner la partie, arriva sur le tillac, et ne trouvant plus sa valise, jura contre l'Espagnole, et avec tant d'indiscrétion, que le capitaine comprenant ce qui s'était passé, s'en prit à notre galant, le roua de coups, et le mit à terre

sur une plage déserte où il finit par
tomber eutre les mains d'une
troupe de brigands. Scaramouche
était vraiment fait pour éprouver
successivement toutes les aventures
les plus romanesques. Le voilà
maintenant courant les souterrains
à lampes sépulcrales et les vieilles
maisons peuplées de revenans. Souvent, pour attendrir ses nouveaux
maîtres, il essaie de quelques-unes
de ses agréables grimaces : rien ne
peut séduire ces farouches brigands;
il faut qu'il les suive, qu'il soit le
témoin de leurs exploits. Un jour il
cédait à sa destinée, il les aidait à
détrousser quelques voyageurs :

tout à coup des archers paraissent ; l'affaire s'engage, un grand combat est livré, la plupart des bandits mordent la poussière, et Scaramouche conduit prisonnier à Palerme, se voit sur le point d'être pendu prévotalement.

Il faut bien qu'il échappe encore, ou l'histoire finirait. Il fut reconnu à temps par des marchands qui s'étaient trouvés sur le vaisseau battu de la tempête, et qui attestèrent la cruauté du capitaine envers ce passager. Libre enfin, Scaramouche remonte sur le théâtre. Mais ici comme une nouvelle carrière commence, un autre personnage arrive sur la scène : c'est la charmante, la blonde Marinette. Scaramouche avait fait de sérieuses réflexions. « Un jour, dit Mezetin, qu'il estoit à une lieuë ou environ de la ville, il aperçut une jeune fille qui essuyoit ses cheveux qu'elle venoit de laver sur le bord d'un ruisseau, et qui estoient d'une longueur si extraordinaire, que quoyqu'elle fût montée sur une grosse pierre ils ne laissaient pas de traîner à terre, outre qu'ils estoient de la plus belle couleur du monde. » On se doute bien qu'une chevelure si séduisante accompagnait des traits enchanteurs, et que voilà Scaramouche amoureux. En effet, il s'arrêta saisi d'admiration, et la mère de la jeune personne le voyant si attentif, lui dit aussitôt que s'il était à marier, il ne pouvait trouver mieux. Scaramouche opposa bien quelques lazzis à cette brusque proposition ; mais les beaux cheveux étaient un lien dont il ne pouvait se dégager, et en moins de quinze jours l'affaire fut terminée, sans y avoir regardé de trop près.

Scaramouche est véritablement devenu un tout autre homme ; il ne rêve plus qu'épargnes, économie : ce n'est plus un jeune étourdi. On le verra aussi un peu moins fripon. Il ne put cependant quitter Palerme sans s'approprier une chaîne d'or de la valeur de cent louis, qu'il avait trouvée, et se faire donner en outre les vingt pistoles de récompense promises à qui la rapporterait ; ce qu'il exécuta fort habilement, en faisant faire une chaîne absolument semblable, de cuivre doré, qu'il présenta en place de celle que l'on réclamait et qui fut reçue sans aucune méfiance.

Il fut excellent époux, et montra même une patience dont on l'aurait cru peu susceptible. Sa Marinette était minaudière et petite maîtresse : tout l'incommodait ou lui

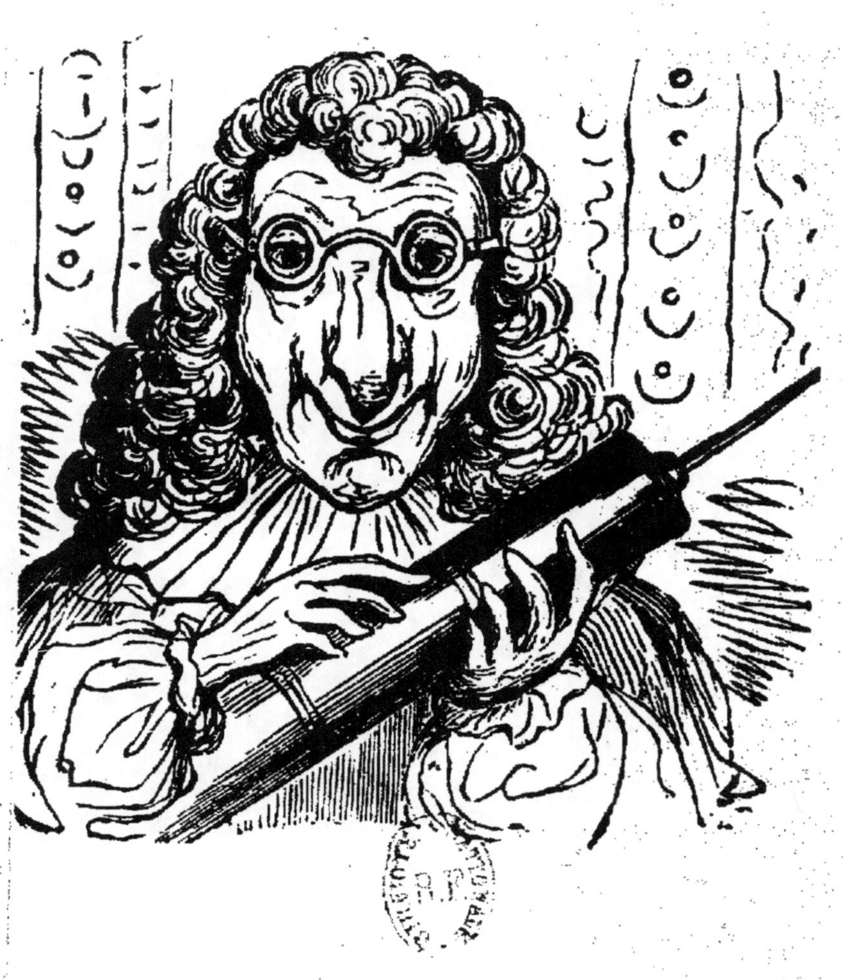

faisait envie. Comme ils allaient à
Rome, où elle devait débuter dans
les rôles de soubrette, il fallut à tout
moment que la voiture s'arrêtât :
ou madame se trouvait mal, ou elle
voulait absolument cueillir une
fleur qu'elle apercevait dans la cam-
pagne. Arrivée à l'hôtellerie, ce fut
bien pis ; la fumée la suffoquait, aucun mets n'était supportable, le pain
même était toujours trop rassis ou
trop tendre.

Ce n'est pas tout encore : pendant
la moitié de la nuit, elle se plaignit
des puces, quoiqu'on ne fût pas alors
dans la saison qui les produit ; elle
jura qu'elle en sentait une qui lui fai

sait souffrir le martyr. Scaramouche ennuyé allume une chandelle, et, pour détruire ce terrible ennemi, s'avance très-sérieusement armé d'un mousqueton; plaisanterie qui épouvanta Marinette et la fit enfin dormir. Une fois, elle s'était couchée avec ses gants, parce qu'elle voulait conserver à ses mains la douceur de leur peau. Scaramouche se coucha avec ses bottes et ses éperons, ne répondant autre choses à tous les cris de sa femme, sinon qu'il voulait être tout prêt pour donner la chasse aux p..ces; elle comprit enfin qu'il fallait ôter ses gants.

Scaramouche ne fut pas plutôt à

Rome, que ses grimaces inimitables attirèrent la foule au théâtre, et mirent sa troupe en grande réputation. La beauté de Marinette, sa grâce sur la scène et son excellent débit, contribuèrent aussi à tant de succès. Scaramouche eut beaucoup de complimens à recevoir le jour qu'elle débuta, mais il eut aussi bien des contrariétés à supporter.

Au surplus, si Scaramouche eut quelques désagrémens à essuyer, le mariage lui porta bonheur, car dans ce seul hiver il amassa de quoi acheter une belle terre à Florence. Pour comble de prospérité, Marinette accoucha d'un fils qu'un cardinal daigna tenir sur les fonts de baptême. Le parrain avait oublié de faire un présent au nouveau-né. Scaramouche, jouant quelques jours après chez la reine de Suède et voyant le cardinal, s'écria tout à coup: *Miracolo, miracolo, eminentissimo signore!* Ce miracle, que tout le monde voulut aussitôt connaître, c'était que le filleul avait parlé pour se plaindre de son parrain : « Tiens, ¡ui dit Son Eminence en riant, et lui donnant un diamant qu'elle avait ôté de son doigt, voilà de quoi le faire taire. » Scaramouche, ne pouvant renoncer tout à fait à ses anciennes habitudes, continuait de s'attirer ainsi de temps en temps des présens par des lazzis, et parfois aussi d'en escamoter. Toujours extrêmement glouton, il se saisit un jour d'un vaste pâté qu'il emporta sur sa tête avec tant d'empressement, que le coffre s'ouvrit par le milieu et emboîta son homme jusqu'aux épaules.

Ce fut alors que le nom de Scaramouche s'étant répandu en France et en Allemagne, il se vit à la fois demandé par l'Empereur et par le cardinal Mazarin. Scaramouche se décida aussitôt en faveur de Louis XIV. Muni de l'agrément du prince de Parme, il se mit en route avec la belle Marinette, et bientôt, ils touchent au terme de leur voyage. Scaramouche se présente à la cour.

Il alla en son costume de théâtre, qui diffère peu de celui des Grispin, des Pasquin et des Scapin ; mais il s'était d'abord recouvert d'un manteau : ce ne fut qu'en présence du roi qu'il se montra tout à coup en véritable Scaramouche, tenant en main sa guitare, et accompagné d'un chien et d'un perroquet qui, dans un petit concert qu'il donna, firent chacun leur partie. Les deux virtuoses étaient placés, l'un sur le manche de la guitare, l'autre sur le placet.

« Ces trois animaux, dit Meze-

» tin, firent si bien leur devo'r, que
» le roy prit en affection celuy du
» milieu, qui estoit Scaramouche. »
Celui-ci eut, peu de temps après,
le malheur de perdre ses deux com-
pagnons ; mais il ne regretta que
le chien, parce que, dit-il, sa servante, qui avait le caquet bien effilé
lui tiendrait lieu du perroquet.
Scaramouche jouit, pendant plus
de trente ans qu'il vécut encore, de
l'honneur de divertir Louis XIV,
qui daigna même un jour lui verser
à boire, et lui demander, lorsqu'il
eut vidé son verre, de quel pays il
croyait ce vin là. « Sire, répondit
Scaramouche, le plaisir que j'ai eu

en le buvant, m'a empêché d'y ré-
fléchir. » Sa Majesté lui versa
donc un second verre de vin pour
connaître son opinion. Scaramouche était dans un jour de bonheur : une réplique assez scabreuse,
qu'il fit un instant après au cardinal Mazarin, lui valut un surcroît
de traitement. « Tu peux te vanter,
lui avait dit le cardinal, que le plus
grand monarque du monde ta versé
à boire. » Scaramouche répondit
« qu'il ne manquerait pas de le dire
à son boulanger ». Louis XIV, entendant cette répartie, ne voulut
pas lui avoir fait un honneur sans
profit, et eut la bonté de répondre:

« Tu lui diras aussi que j'augmente
ta pension de cent pistoles.

Malgré tant de libéralités si facilement accordées, Scaramouche en
extorqua beaucoup d'autres encore
par des subtilités, et toujours sut se
tirer d'affaire par quelque lazzis,
souvent même par d'assez fines ré-
parties. Par exemple, ayant osé
s'approprier cinquante pistoles que
Sa Majesté lui avait fait remettre
pour le service de la troupe, et se
voyant forcé d'avouer le fait : «Sire,
dit-il, je supplie Votre Majesté de
n'en rien dire au roi. » Louis XIV
rit de la réplique, et fit donner
cent pistoles à Scarmouche, moitié

pour lui et les cinquante autres
pour s'acquitter enfin de sa commission. La reine mère et tous les
seigneurs de la cour furent souvent
pris aux mêmes filets, et jamais ne
s'en fâchèrent. Il obtint un jour de
la première, soixante louis et la permission de lever un habit complet
chez le marchand de la cour. Comment avait il obtenu cette faveur ?
En se présentant devant la reine,
qu'il savait extrêmement sensible
aux peines des malheureux, vêtu si
légèrement en plein hiver, que sa
vue seule faisait frissonner de froid
et que lui-même en avait les larmes
aux yeux. Un autre jour, voulant

faire en Italie un voyage qui ne lui coutât rien, il pria chacun des seigneurs de la cour de lui faire cadeau d'une paire de bottes ; ce qui lui en procura, dit l'historien, une si grande quantité, qu'il en eut à revendre assez pour botter un régiment de cavalerie.

Scaramouche devint très riche, et en même temps fort avare.

Un seul trait prouvera son avarice. Dans sa dernière maladie, il avait consenti enfin à se faire donner un remède que le médecin avait ordonné. Il fit donc venir un apothicaire, avec lequel, après de très-longues contestations, il con-

vint de payer *trente* sous pour
l'injection rafraîchissante et la peine
de l'administrer; mais comme celui-ci en était à la moitié de son
minisière, il le fait suspendre tout
à coup, et se retournant : « C'est
assez, dit-il, j'ai réfléchi que la
moitié me suffirait; vendez le reste
à quelque autre, voilà *quinze*
sous. »

Le défaut d'appétit fit juger à
Scaramouche que sa fin approchait.
Il ne mangea la veille de sa mort,
pour son dîner, que deux livres de
pain en soupe, et une grosse pou-
larde, en buvant sa chopine de vin
de Bourgogne. Il manda donc aus-

sitôt son confesseur. Le lendemain,
il ne prit qu'un très ample vermi-
celle. L'illustre personnage attendit
sa dernière heure en jouant aux
cartes avec trois de ses voisins : la
sentant arriver, il leur dit de continuer, se hâta de réciter le *Pater*, et
expira. Il était âgé de quatre-vingt-
sept ans, et laissait à son fils unique,
qui s'était fait prêtre, un bien de
cent mille écus. Son corps fut in-
humé à Saint-Eustache.

———

DAVIGNON, peintre.

Ce personnage est le plus célèbre

peintre en lettres de Paris, et le plus solide buveur des quatre-vingt-six départemens. C'est à lui que les marchands doivent ces charmantes lettres historiées de mille façons, qui rendent leurs enseignes si remarquables.

Il y a quelques années, Davignon hérita de cinquante ou soixante mille francs. Comme ses amis le félicitaient de cet événement, il leur répondit fort tristement :

« Il est vrai que j'ai maintenant le malheur d'être riche, et vous m'en voyez désespéré... Je ne suis pas éloigné de croire que le scélérat qui m'a fait son légataire universel était mon plus cruel ennemi... Qui est-ce maintenant qui fera les enseignes des connaisseurs ?... On va m'oublier, ma réputation est perdue !... — Mais, mon vieux, lui dit l'un de ses intimes, qui diable t'empêche de continuer à travailler ? — Eh ! malheureux, comment veux-tu que je travaille, maintenant que j'ai de l'or plein mes poches, moi qui ne peux pas tenir un pinceau tant que j'ai dans mon gousset la monnaie d'un canon ! — Eh bien ! mon garçon, il y a un remède : noce générale et permanente, jusqu'à ce que les poches soient vides. Nous sommes là une douzaine à ta disposition ; compte sur nous, nous ne t'abandonnerons pas.

La proposition est acceptée ; la noce commence. Trois mois après, tout était fini, et l'artiste était revenu à son état normal ; il n'avait plus le sou, et il reprenait ses pinceaux.

Davignon gagne aisément, quand cela lui plaît, vingt-cinq à trente francs par jour. Mais il a une horreur si grande pour l'argent, ce vil métal, qu'il se fait payer par à comptes toutes les demi-heures, afin que le numéraire passe immédiatement de sa main au comptoir du maréhand de vin, sans salir ses poches.

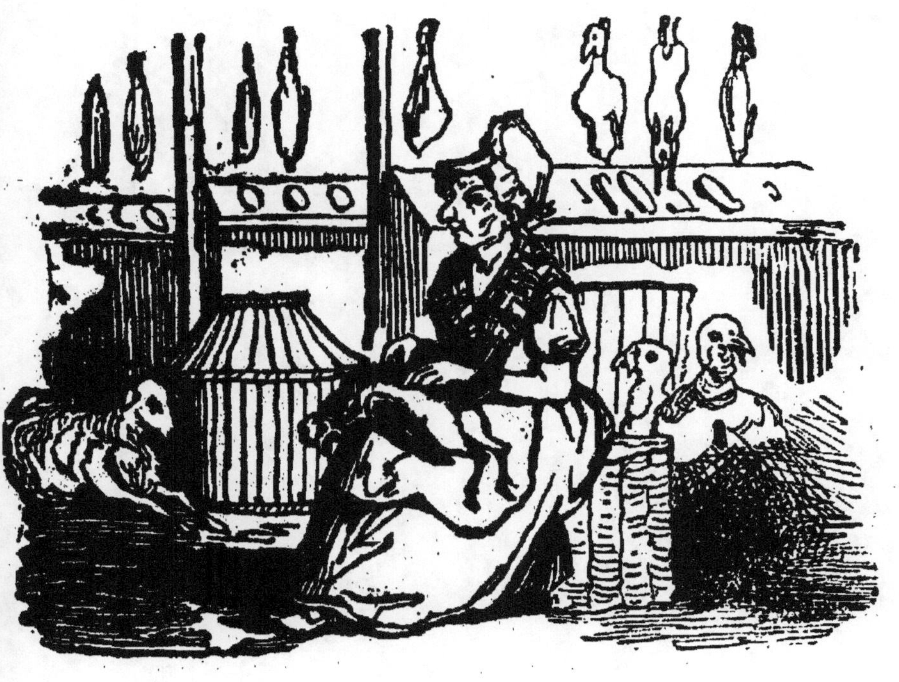

MERCIER, crieur public.

Mercier a parcouru, le fusil su
l'épaule, la plus grande partie d e
l'Europe; c'est un vieux soldat qui ,
après avoir laissé l'une de ses jam -
bes en Russie, s'en prit à ses pou-
mons du soin de le nourrir, et s e
mit à vendre des canards. Malheureusement, il ne suffit pas, pour
exercer cette honnête profession ,
d'avoir une voix de stentor, il faut
encore que le préfet de police veuille
bien permettre que cette voix se
fasse entendre dans les rues de Paris;
Mercier, de son côté, ne veut pas
demander cette permission, et voilà

la guerre déclarée entre ces deux personnages.

— Mais, disait dernièrement le président de la police correctionnelle à Mercier, qui se fait arrêter assez régulièrement deux ou trois fois par mois, pourquoi ne demandez-vous pas cette permission?

— Jamais ! Je suis un vieux grognard ; le préfet porte une épée, et j'ai conservé mon vieux briquet ; donc l'affaire peut s'arranger : que le particulier vienne s'aligner ; chacun mangera la soupe avec sa cuillère, et voilà !

Mercier n'en veut pas démordre ; de son côté, le préfet tient bon, et les canards en souffrent, en attendant qu'on les plume par suite de la rencontre des deux adversaires.

L'ANE SAVANT, SON MAITRE, SA MAITRESSE, ET LA TROUPE DES CHIENS DANSEURS.

L'âne porte les danseurs et les danseuses ; le maître joue du violon, la maîtresse bat du tambourin. L'homme s'occupe exclusivemen de tout ce qui regarde la danse : c'est le maître des ballets ; la femme est chargée de maintenir l'ordre, l'union, et surtout la décence parmi les artistes des deux sexes qui composent l a troupe dansante,

Le Roussin d'Arcadie commence le spectacle. Il désigne la demoiselle la plus amoureuse de la compagnie, l'amant le plus jaloux, la femme la plus entêtée, le mari le plus grondeur. Il indique aussi, en frappant du pied, l'âge des personnes, l'heure qu'il peut être à la montre qu'on lui présente. C'est un animal extrêmement pacifique, et qui se pique d'avoir des mœurs; il verrait passer toutes les ânesses du monde sans se mettre à braire. Le dernier exercice qu'il exécute à commandement, c'est de faire la moue à la société : son maître alors s'approche de lui d'un air carressant, lui prend le museau.....,

Après ce divertissement, arrivent les danseurs. Les artistes du sexe féminin se distinguent par un petit chapeau placé sur l'oreille et un petit jupon ; quant aux cavaliers, ils sont en général dans leur costume naturel. Le directeur de la troupe daigne ouvrir le ballet, et tout en jouant du violon, danse avec la première danseuse le *menuet d'Exaudet*. Suivent plusieurs entrées en scène : différens groupes exécutent des pas difficiles, et le tout se termine par des walses.

Depuis quelque temps, cette troupe d'artistes fait ample moisson de lauriers et de sainfoin.

LE CHEVAL SAVANT.

Ce cheval imite d'abord toutes les gentillesses que nous venons d'admirer dans l'âne savant. Il indique l'heure, il fait la moue , etc. ; mais tout ceci n'est qu'une plaisanterie, et peut-être même une petite moquerie du pauvre roussin , dont l'échine allongée n'annonce guère en lui d'autre mérite que celui de posséder l'art de la divination. Bientôt le bouillant coursier , impatient de se livrer à un exercice qui le distingue en prouvant qu'il réunit la force à l'intelligence, se couche sur le dos : une table est posée sur ses quatre pieds, et sur cette table qu'il soutient en équilibre, se montre un homme placé en attitude, élevant un drapeau d'une main et de l'autre sonnant de la trompette.

Le but de ce spectacle est de réunir une société d'amateurs à laquelle on veut faire une confidence importante. Ici pourtant il n'est pas besoin d'oreilles, il ne faut que des yeux. Aussitôt que le spectacle est terminé, le maître du cheval, qui est un gros papa de bonne mine, prie la compagnie de lui accorder un moment d'attention : il déroule alors une petite sacoche, et contemplant son auditoire avec un sourire malin, il expose silencieusement à tous les regards l'intérieur de la pièce curieuse. Que voit-on? une trousse garnie de tous les instrumens nécessaires pour limer, scier, polir, nettoyer, plomber ou arracher les dents.

Ce Désirabode en plein vent a fait une fortune considérable, ce qui ne l'empêche pas de se livrer à l'exercice de son art, dans l'intérêt des mâchoires.

L'ESPRIT.

Ce célèbre escamoteur fut, pendant long-temps, le rival de l'illustre Miette.

« Messieurs, disait-il ordinairement à son auditoire, je me nomme l'Esprit, et vous êtes des imbéciles, ce qui est également heureux pour vous et pour moi; pour vous, qui avez besoin de ce qui est dans ma poche, pour moi, qui ai besoin de ce qui est dans la vôtre. »

En parlant ainsi, l'Esprit faisait manœuvrer les goblets, mettant une muscade sous l'un et en retirant une pomme; une balle sous l'autre et en retirant une souris; un œuf sous le troisième, et promettant d'en tirer une autruche. Puis il continuait sa harangue :

« Vous comprenez, messieurs, qu'un homme qui fait des autruches avec des œufs de canne, n'aurait pas de peine à faire passer dans ses poches les gros sous qui sont dans les vôtres ; mais le tour serait trop vulgaire, et j'aime mieux vous proposer de les changer contre la poudre vermifuge que voici... »

Il tirait alors de sa gibecière une multitude de petits paquets.

« C'est un spécifique qui a la propriété de guérir toutes les maladies connues et inconnnes, en faisant mourir les insectes qui corrompent la masse du sang... Il ne m'en reste plus que trois ou quatre cents pa-

quets, et je ne les vends que deux
sous la pièce : faites-vous servir, et
lorsqu'il u'y en aura plus, j'aurai
l'honneur de vous présenter l'autruche en question. »

Et les gros sous affluaient dans la
gibecière à mesure que les petits paquets en sortaient ; mais la source
de ces derniers était intarrissable :
quand il n'y en avait plus, il y en
avait encore. En conséquence, l'autruche restait invisible, et l'Esprit
levait la séance en se moquant de
ses cliens, ce qui ne l'empêchait pas
d'en avoir toujours autant, tant il
est vrai que :

Les sots depuis Adam, sont en majorité.

COMMERSON.

Professeur de belles-lettres et journaliste, qui, pour humilier le gouvernement, se fit décrotteur sur le pont Saint-Michel. On peut dire qu'il faisait de l'opposition à propos de bottes.

« Monsieur, disait-il à la pratique, après le dernier coup de brosse, vous pouvez maintenant vous flatter d'avoir l'Université à vos pieds, dans la personne d'un de ses membres. Vous me voyez disposé à décrotter tout le monde, à l'exception du grand-maître. Pour celui-là, la besogne serait trop rude ; mieux vaudrait avoir à nettoyer les étables d'Augias. »

Cette plaisanterie motiva l'arrestation du décrotteur lettré, qui disparut ainsi de la scène qu'il avait choisie.

FILÉMON.

Au nombre des célébrités des rues, nous ne pouvons nous dispenser de placer quelques uns des plus adroits filous qui ont rendu leur nom fameux. Filémon mérite à coup sûr d'être mis en première ligne. Voici quelques traits de la vie de ce personnage.

Un conseiller à la cour royale était rapporteur dans une affaire assez importante. L'un des plaideurs crut se le rendre favorable en lui faisant un présent, et il lui offrit un vase en vermeil. Ce magistrat refusa le présent; mais le plaideur le laissa sur sa table. Filémon, qui rodait de côté, accoste le plaideur au moment où il sortait de chez le conseiller, il se dit parent de ce magistrat, et promet de parler au rapporteur en faveur de ce plaideur généreux.

Il monte aussitôt à l'appartement du magistrat, se présente de la part de M. de Nemours, et recommande

en effet nos plaideurs, se disant en-
voyé exprès par M. le duc. Le conseiller répondit que tout son désir
de se rendre agréable à M. le duc
de Nemours ne pouvait ajouter à
son zèle; que sa conscience était
constamment son guide. « C'est ce
que je viens de dire aux parties
mêmes, ajouta-t-il, qui m'ont ici
importuné et contraint de prendre
ce vase, que je n'accepterai pourtant pas sans le leur payer. » Filémon, regardant le vase, se mit à en
admirer la beauté. « Permettez-moi
donc de l'examiner, dit-il; on m'en
a dernièrement dérobé un qui, à
la vérité, n'était pas de moitié si

grand, mais qui était absolument
de même, et sans doute était du
même ouvrier. Toutes les fois que
je songe à ce tour qu'on m'a joué,
je ne puis m'empêcher de rire, tant
il est plaisamment imaginé. Il faut
que je vous le raconte. Figurez-
vous qu'un homme, assez bien mis,
m'apporte une lettre de la part de
monsieur le duc de Nevers. Il voit
le vase sur ma table. Oh! oh! dit-
il, voilà un superbe morceau!.....
(permettez-moi, en vous rappor-
tant ses paroles, d'imiter tous ses
mouvemens). Il s'approche donc
en gesticulant, regarde le vase avec
attention, veut juger du poids, le

tourne et le retourne en ses mains.
Combien vous a-t-il coûté ? me de-
mande-t-il : au moins cent pistoles,
n'est-ce pas ?—Oh! pas autant que
cela, répondis-je. Et tenant le vase
comme vous voyez que je le tiens,
il ne cessait de le peser en le tour-
nant et le retournant.... Mais comme ma vue se portait d'un autre
côté (examinez bien ce mouvement), mon homme s'éloigne peu
à peu, lève la tapisserie et se sauvé. » Le conseiller, à chaque mouvement imité, riait de tout son cœur
d'une si plaisante comédie, et il re-
doubla en voyant avec quelle promp-

titude Filémon se glissa en effet derrière la tapisserie. Lorsqu'il eut bien
ri, en attendant que son acteur re-
parût, comme enfin il n'entendait
plus personne, il lui vint tout-à-coup
un soupçon, et qu'il trouva bientôt
justifié. Filémon avait non seule-
ment ouvert et refermé la porte,
mais l'avait même barricadée en
dehors, de sorte qu'il était déjà fort
loin avant qu'il fût possible de crier
sur lui. Le magistrat n'eut d'autre
parti à prendre que de payer de ses
propres écus un vase dont il n'avait
pas joui ; ce qu'il fit en effet, malgré l'opposition des parties, qui ga-
gnèrent leur cause.

CARREFOUR.

Un seul trait de ce personnage suffira pour l'illustrer. Il avait vu chez un ministre de riches tapisseries qui le tentaient. Un autre eût eu recours à mille expédiens pour s'en emparer ; Carrefour y réussit d'une manière toute simple. Il était chef de bande : il se fait accompagner de deux des siens ; ils arrivent en plein midi avec des échelles, entrent dans l'appartement où se trouvaient beaucoup de personnes qui attendaient leur tour pour avoir audience. En présence de tout c monde, qui les prend pour des tapissiers, et s'imagine qu'ils ont ordre de remplacer ces tentures déjà fort belles par d'autres plus belles encore, ils les détachent toutes et les emportent, laissant les spectateurs entre quatre murs hideux, admirer la magnificence du maître de la maison.

LE CHIFFONNIER PHILOSOPHE.

Ce chiffonnier est un original dont la figure et la probité sont connues de tout Paris. C'est un homme lettré, que cite Horace et Virgile à

tout propos. Il fut pendant long-
temps le domestique d'un homme
en place, qui le traitait plutôt en
ami qu'en serviteur. Ce digne maî_
tre, sentant approcher sa fin, fit
son testament, et dit au valet philosophe : « Je veux que désormais
vous soyez à l'abri du besoin et je
vous ai compris dans mon testament
pour un legs de douze cents francs
de rente. »

— Vous avez eu tort, monsieur;
croyez cela.

— Quelle folie !

— C'est de la raison ; donnez cet
argent à ceux qui ne savent pas s'en
passer, et n'en parlons plus, ou je
vous quitte à l'instant.

Le maître mort, le valet se fit chiffonnier, et le nouveau Diogène se mit à philosopher dans la rue, une lanterne à la main. Nous ne savons si, comme son modèle, il chercha un homme ; mais nous savons qu'il a souvent trouvé de quoi en acheter plus d'un : plus d'une fois des portefeuilles richement garnis lui tombèrent entre les mains ; mais il ne les garda jamais que le temps nécessaire pour retrouver leurs véritables propriétaires.

Cet estimable chiffonnier est tout à fait de l'opinion de M. Scribe qui affirme que

L'or est une chimère.

A M. Scribe le précepte, au chiffonnier l'exemple. Ces deux personnages feraient à eux deux un
philosophe irréprochable.

MIETTE.

Monsieur Miette n'est pas une
célébrité d'un jour ; il y a plus de
trente ans que cet habile physicien
exerce ses talens sur le pavé de la
capitale...

J'ai dit physicien, et c'est à tort,
car l'honorable monsieur Miette ré-
pudie cette qualité... Mais laissons-
le parler lui-même, c'est le meil-

leur moyen de savoir à quoi nous
en tenir sur cet homme célèbre.

La scène se passe sur le quai des
Libraires, entre le Pont-Neuf et le
marché-aux-Dindons. Il est six heures et demie du soir; et il fait grand
jour, car nous sommes en été. Cette
heure est celle où une foule d'ouvriers, manœuvres, maçons, char-
pentiers, etc., cessent de travailler;
aussi voit-on incessamment se former sur le quai des Dindons, devant
les boutiques de libraires, un
groupe d'individus qui entourent
une table sur laquelle sont placés
trois gobelets d'escamoteur. Le
groupe grossit, le cercle s'étend;

alors apparait un personnage vêtu d'une veste de hussard dont les manches ne lui viennent pas tout-à-fait jusqu'au coude.

« Messieurs, dit ce personnage d'une voix perçante et fortement accentuée, je me nomme Miette ! Je ne vous dirai pas, comme quelques-uns de mes confrères, que je suis professeur de *physique amu-sante*, car je tiens avant tout à parler français et à appeler les choses par leur nom ; je vous dirai donc que je suis escamoteur et inventeur de la poudre Persane. »

Là dessus, M. Miette fait voir son talent, et chaque jour il a de nouveaux tours dans son sac. Ce personnage est connu depuis trente ans dans les rues de Paris ; mais on ne supposait pas qu'il fût du bois dont on fait les hommes d'état. C'est cependant ce qui résulte de la lettre suivante, que nous empruntons à un journal sérieux :

Lettre de M. Miette, escamoteur, à M. Dupin, président de la chambre des députés.

« Mon cher confrère,

« Je viens d'apprendre, étant en soirée chez le ministre, qu'on vous dégommait de la présidence. Là dessus, je me suis rebiffé ; j'ai dit que ça n'était pas vrai ; j'ai même voulu parier une bouteille de vin avec la demoiselle de la maison, que c'était une blague qu'on faisait courir contre vous, comme on en avait fait courir dans le temps contre ma méthode dentifrice.

« Monsieur Dupin dégommé ! leur ai-je dit, qu'on ne dégomme pas monsieur Dupin comme ça ! Monsieur Dupin est nécessaire à la Chambre comme je le suis au Pont-Neuf. On est habitué à voir présider monsieur Dupin, à écouter ses coq-à-l'âne et ses bamboches, comme on est habitué à me voir escamoter la muscade et entendre les petites histoires qui me servent à débiter ma poudre Persane.

« Si vous dégommez monsieur Dupin, ai-je ajouté, je ne vois qu'un moyen d'arranger l'affaire : c'est de me mettre à la place de monsier Dupin, et de le mettre à la mienne. De cette manière, vous aurez sauvé le gouvernement représentatif et la poudre *Persane*. Je préside la chambre; j'y continue la tradition du président Dupin. Le président Dupin passe au Pont-Neuf; je lui cède ma poudre, mes muscades, mes gobelets. Moyennant ces disposi-tions, point de crise dans le gou-vernement, point de secousse en Europe. Une, deux ! partez mus-cade ! Partez coalition ! Partez réforme électorale! Monsieur Dupin remplace monsieur Miette, monsieur Miette remplace M. Dupin : c'est à peine si le public s'aperçoit du changement opéré.

« Toutefois, mon cher confrère, si la coalition s'obstinait à vous dégommer de la présidence sans me choisir pour vous succéder, il ne faudrait pas vous effrayer de la chose. Vous ne resterez pas en place, c'est moi qui vous le dis.

« MIETTE,

« Inventeur de la poudre Persane. »

MAYEUX.

Mayeux n'est pas bel homme ; le lecteur a bien pu voir ; par le portrait placé en tête de ce petit volume, qu'il y a dans l'ensemble de sa personne quelque chose d'aimable et de gracieux, mais sa taille ne dépasse pas quatre pieds six pouces. Tout jeune encore, Mayeux aimait le théâtre avec passion ; il eut même, dit-on, l'intention de se vouer à la carrière théâtrale ; les avis de Talma, qui n'était pas beaucoup plus grand que lui, mais qui était plus droit, le firent renoncer à ce projet. Un jour donc, c'était à l'époque du sacre de Bonaparte, il allait aux Français voir, dans *Manlius*, son acteur favori ; il s'arrête au coin d'une rue pour lire les affiches ; tout à coup, il se sent inondé d'un torrent qui le brûle ; il se retourne brusquement : un grenadier de six pieds se recule à ce cri : «Nom de Dieu ! il y a un homme devant vous ! » C'était la première fois que Mayeux prononçait ce juron, et il ne vit pas sans surprise l'impression profonde qu'il avait faite sur le géant.

Essuyé, épousseté, séché tant bien que mal, Mayeux arrive à la queue du théâtre. Là, il se trouve

encore serré entre deux colosses ;
l'un lui marche sur les mains ; l'autre, en se retournant, manque de lui
crever les yeux avec son énorme
paquet de breloques. — Nom de
Dieu ! quand on est si grand, peut-
on venir dans la foule ! dit-il alors ;
et, prenant son billet, il se place au
premier rang du parterre. Là, du
moins, le voilà à l'abri des mésa-
ventures : erreur ! le général Souham
vient se placer à l'orchestre, tout
juste devant lui, et de six pieds un
pouce intercepte à Mayeux toute
autre vue que celle des frises de la
scène. — Nom de Dieu ! nom de
Dieu ! que je les déteste les beaux

hommes! Nom de Dieu! ça n'est bon
à rien un bel homme! A bas le
beaux hommes ! nom de Dieu !....
Et, depuis ce jour, chaque exclamation de surprise, ou de peine, ou de
joie, est **assaisonnée** de ce juron
qu'on ne passerait pas à un autre,
mais auquel il sait donner une teinte
d'originalité qui seule peut lui servir
d'excuse. Nom de Dieu! est le ventre-
saint-gris de Mayeux.

Mayeux, exalté après le spectacle
s'écria : je veux finir ma soirée dans
quelque lieu atroce, nom de Dieu!

Mayeux arriva donc pour tenter
la fortune : il entre et jette au hasard, sur **le** tapis bariolé, une pièce

8.

de monnaie; il gagne une faible somme, la laisse; gagne encore, et ramasse une poignée d'or. A côté de lui un jeune homme perdait, et ses traits convulsionnés attestaient le désespoir. — Je ne joue plus, nom de dieu!... et il descendit quatre à quatre les deux étages. Un de ses amis passait devant la porte au moment où il en sortait; le rouge monte à la figure de Mayeux. — Une mauvaise action reçoit toujours sa récompense, nom de dieu! Ne dis jamais que tu m'as vu sortir de ce coupe-gorge; c'est pour la première et la dernière fois; et allons gaiement dépenser l'argent infâme que j'ai gagné ; ça me porterait malheur... Les deux amis partent donc, et d'un pied leste traversent la place des Victoires, la rue Montmartre, la rue du Petit-Carreau, et s'arrêtent rue de Cléry.

Tous les plaisirs en un jour, nom de dieu ! disait Mayeux en sonnant à la porte. Une servante l'introduisit en retenant un éclat de rire, et bientôt les deux complices se trouvèrent dans une petite pièce où une douzaine de jeunes et jolies filles, assises autour d'une table verte, jouaient au noble jeu du chien-vert. C'est M. Mayeux ! s'écrièrent-elles toutes à la fois. La partie fut aussitôt rompue ; et Mayeux, entouré, choyé, caressé, tout étourdi d'un si brillant accueil, eut besoin d'un instant pour rappeler à lui son esprit ordinairement si prompt à la riposte. Oui, femmes charmantes, c'est moi-même ; je viens passer la soirée au milieu de vous ; mais laissez-moi le temps de me reconnaître; vous me traitez en pays conquis, nom de dieu ! je n'aime pas qu'on me mette au pillage... Et en soi-même il se disait : Polissonne de boule, en fais-tu des malheureuses. Bientôt on fut d'accord. Il fut convenu que Mayeux, pour ne pas faire de jalouses, serait aimable et galant avec tout le monde, sans jeter d'avance le mouchoir. On servit un souper délicat : l'argent de M. Chalabre en faisait les frais, et la conversation devint vive et piquante.

L'ami de Mayeux avait jusqu'alors gardé le silence, mais il le rompit tout à coup pour demander à Mayeux s'il s'était mis en règle pour appuyer sa demande de la croix de juillet. A ces mots, Mayeux, pressé, sollicité, fut, en dépit de sa modestie, forcé de raconter ce qu'il avait vu de ces terribles journées où l'on savait qu'il avait pris quelque part.

— Vous savez que je suis Fran-

çais, nom de dieu ! et patriote fé-
roce ; les ordonnances me firent
sauter par-dessus les toits, et je fus
des premiers à crier : Aux armes,
nom de dieu, Madame Mayeux eut
beau me prendre par les sentimens,
cacher mes culottes, fermer le secrétaire, l'amour de la patrie me
brûlait, nom de dieu, c'est moi qui
ai fourni un briquet pour mettre le
feu au corps-de-garde de la Bourse.

Ces polissons de gendarmes
avaient jeté leurs fusils en fuyant ;
j'en empoigne un, et je rentre chez
moi armé de pied en cap , nom de
Dieu , j'avais l'air du dieu Mars.

Je ne vous raconterai pas la révo-

lution de juillet, mes petits amours;
vous avez vu ça de près, vous qui
êtes des compatriotes ; je m'y suis
montré, cependant ; j'ai fait la plus
belle barricade, nom de Dieu ! devant ma porte, rue Mandar ; c'était
superbe à voir, une couche de Suisses, une couche de pavés, et ainsi de
suite à quatre pieds de haut. C'est
là que je m'embusquai ; aussi, jamais la garde, la ligne, les gendarmes, le tonnerre de Dieu, n'y au-
raient passé ; ils y sont venus trois
fois, et trois fois ils ont battu en retraite. C'étaient leurs colonnes
d'Hercule, nom de Dieu ! Le troisième jour, j'ai quitté la barricade :

ça ne chauffait plus de mon côté :
la ligne (qui n'a pas tiré, à ce que
disent ceux qui n'y étaient pas) a-
vait cessé son feu. J'ai été au Louvre, nom de Dieu ! il y avait encore
du Suisse par-là. Aux Tuileries, par
exemple, aux Tuileries, j'ai été superbe; je me suis assis sur le trône :
comme on s'enfonce la-dedans ! je
ne conçois pas qu'il se soit trouvé
quelqu'un pour s'y fourrer après
Charles X et moi. J'ai fait la cam-
pagne de Rambouillet aussi ; cam-
pagne superbe, nom de Dieu ! j'ai
été au camp en coucou, et j'en suis
revenu en omnibus. Aussi, nom de
Dieu ! j'aurai la récompense natio-

nale, quoique la commission me fasse des difficultés. — Vous n'avez pas été blessé, brave Mayeux ? — C'est vrai, nom de Dieu ! mais à l'impossible nul n'est tenu. Ces gaillards-là tiraient à hauteur d'homme : où vouliez-vous qu'ils pussent m'attraper ? D'ailleurs, on me doit une réparation pour les mauvais tours auxquels je suis en butte depuis la révolution; les carlistes n'ont pas pu me tuer, nom de Dieu ! ils me ridiculiseraient s'ils pouvaient ; mais à leurs sottes attaques voici ma réponse :

A bas la lithographie
Nom de Dieu je n'y tiens plus,

Cette mortelle ennemie
Pousse à bout tous les bossus.
A la gloire qu'on outrage
Sous mon type original,
Si j'ai prêté mon visage,
C'est pour faire carnaval...
Respectez, tel qu'il est,
Le grand homme de juillet.

La chanson de Mayeux fut couverte d'applaudissemens. Il était en verve ; on lui en demandait une autre ; il improvisa des couplets tout-à-fait de circonstance :

Après les bravos de rigueur, tandis que Mayeux vidait sa troisième bouteille en devisant avec une brune agaçante, la compagnie s'écoula peu à peu, et notre héros se trouva donc sans préméditation, engagé dans un tête-à-tête. — Tant mieux, nom de Dieu ! nous sommes seuls, farceuse, je pourrai te parler la langue des Dieux. Viens que je te chiffonne. Nom de Dieu ! quels appas ! voilà de ces choses qu'on ne trouve pas chez soi. Ayez donc des mœurs avec des gaillardes taillées comme ça. Laisse-moi t'embrasser... je me sens comme un lion, nom de Dieu ! il faut que je te dévore ; insulte-moi, nom de Dieu ! je veux que tu me montes la tête : appelle-moi voleur, dis que j'ai signé les ordonnances...... Oh ! oh ! flatte ma bosse. Oh ! séductrice, va, va bien. Nom de Dieu !

merds moi... coupe ma bosse en
quatre... jette-moi les morceaux à
la figure... passe moi la colonne au
travers du corps... gratte-moi le
dessous des pieds avec une fourchet-
te, j'ai les passions vives, nom de
Dieu !... arrête!

Et le lendemain, à son réveil,
M. yeux s'écriait, —Un père de famille avec huit enfans, je suis un
profond scélérat.

LES PRÊTS SUR GAGES.

L'usure est un mal aussi ancien que le monde, et plus un état se civilise, plus la race des prêteurs à gros intérêts pullule. En vain l'opinion publique frappe de réprobation ceux qui spéculent sur l'infortune, ces braves israélites presque tous baptisés, n'en persistent pas moins dans leur trafic honteux, et sangsues au moins aussi obstinées que les favorites du célèbre docteur Broussais, ne quittent la place que quand ils sont gorgés, ou quand la police correctionnelle a fait éclatante justice de leurs exactions.

Non missura cutem, nisi plena cruoris, hirudo.
HOR.

L'usure a sa hiérarchie comme toutes les professions, et l'usurier qui se dit orgueilleusement *agent d'affaires* et même *négociant* regardera du haut de sa grandeur ou de son tilbury le faquin qu'on appelle *prêteur à la petite semaine.*

Le prêteur à la petite semaine choisit un logement simple et modeste dans un quartier habité par la classe laborieuse. Sa toilette est plus que négligée, son langage ne respire que l'humilité ; il ne porte pas de bijoux ; ses paroles sont rares, *sermone rarus*, et s'il ouvre la bouche, c'est pour se plaindre de la misère des temps et du peu de circulation du numéraire. Il vend cependant l'argent fort cher, mais par petites sommes, aux pères de famille gênés, aux artisans établis, parce qu'il sait que ces pauvres gens ne peuvent disparaître comme un jeune drôle qui fait son paquet dans un mouchoir et va coucher à une lieue du gîte qu'il occupait la veille.

L'agent d'affaires, au contraire, habite un élégant premier dans l'une des rues les plus brillantes de la capitale; il est hautain, impudent même; cela donne un genre. Malheur à vous, modeste piéton, s'il voit à vos bottes que vous n'ayez pas même pris un cabriolet de place pour vous rendre chez lui; il est capable de vous demander soixante du cent, encore sur première hypothèque. Je connais un jeune imprudent à qui un agent d'affaires, pour *sept cents*

francs reçus comptant, fit souscrire
une lettre de change de *quinze
cents francs* à six semaines de date.

Le gouvernement voulant obvier
aux nombreux inconvénients qui
résultaient de l'existence de ces
maisons appelées autrefois *Lom-
bards*, forma, en 1777, l'établissement connu sous le nom de *Mont-
de-Piété* et dont l'idée première
nous vient d'Italie. Cette dénomi-
nation est très philantropique, sans
doute, et le but qu'on s'est proposé
le serait encore davantage, puisque
les bénéfices des opérations du
Mont-de-Piété sont affectés au service des hôpitaux, si des intérêts

énormes n'écrasaient les malheureux créanciers de la rue *Paradis*.
C'est, comme on le dit vulgaire-
ment, *découvrir saint Pierre pour
couvrir saint Paul*.

Il existe, dit-on, en Angleterre,
une association pieuse qui avance
sur nantissement de l'argent aux
nécessiteux. On fait ce prêt gratui-
tement, et le nom même des dépo-
sitaires est contenu dans un billet
cacheté. Il est à désirer que cet
exemple trouve en France de généreux imitateurs.

« Je m'étais posté lundi dernier
au coin de la rue du Mont-Blanc,

en attendant *pratique*, dit un commissionnaire qui a écrit ses mé-
moires, quand un jeune homme
placé sur la porte d'une maison
voisine, et que je reconnus pour
m'avoir déjà occupé plusieurs fois,
m'appela et me fit monter chez
lui. Il avait l'air très agité et frois-
sait dans ses mains un billet dont
la suscription me parut être de l'é-
criture d'une femme; il faisait entendre ces mots entrecoupés : co-
quette !...... quelle faiblesse !.....
ma ruine ne lui suffit pas !.. ma
dernière ressource !... Enfin il tira
de son secrétaire le portrait d'une
dame d'un certain âge qu'il cou-

vrit de baisers en disant à demi-
voix ; Pauvre mère ! si tu pouvais
savoir !... Le portrait était orné de
brillants ; il essaya de l'extraire de
son entourage, mais il fut obligé
d'y renoncer, ne pouvant le faire
sans endommager l'ivoire. Tenez,
me dit-il, portez ce médaillon au
Mont-de-Piété, demandez là-dessus
le plus qu'on pourra avancer, en-
trez en revenant dans le magasin
de madame N. ..., rue Vivienne,
on vous donnera un cachemire des
Indes, que vous porterez tout de
suite à l'adresse qui est sur cette
lettre.

A quelques pas de la rue du

Mont-Blanc, un tableau frappa ma vue ; j'y lus en gros caractère : *commissionnaire du Mont-de-Piété.* Satisfait de pouvoir remplir promptement ma mission, je montai au deuxième, dans un bureau où des compartiments en bois, placés de distance en distance, figuraient des espèces de confessionnaux dans lesquels les emprunteurs étaient à l'abri de l'indiscrète curiosité de chacun d'eux.

Je me trouvai en pays de connaissance, et l'employé auquel je m'adressai était un jeune homme qui venait assidûment faire sa cour à une jolie grisette demeurant sur le même palier que moi. Quand j'eus expliqué le sujet de ma visite, il me fit asseoir auprès de lui, tandis qu'on alla consulter un joaillier sur la valeur de l'objet que je présentais. Je m'installai donc dans un fauteuil en me promettant de mettre mon temps à profit.

Une quittance me tomba sous la main, et je vis d'abord que l'intérêt était d'un *demi pour cent par demi-mois ;* le droit dû au commissionnaire, *deux centimes par franc,* pour droit d'enregistrement; plus, *un centime par franc* pour le dégagement, sans compter *vingt centimes* pour une boîte servant à

enfermer le nantissement si c'est
un bijou , et *trente centimes* pour
une enveloppe de toile si c'est du
linge ou autres effets ; laquelle
boîte ou laquelle enveloppe rapporte au commissionnaire quinze
ou vingt fois sa valeur dans le
ours de sa longue existence.

Pendant mon investigation entra
un élégant ; à son ton familier, à
la conversation qu'il eut avec les
employés, je m'aperçus que c'était
un habitué. « Ce monsieur , me
dit le commis qui s'était fait mon
cicérone , est un fashionable du
boulevard Coblentz ; l'écarté est

sa seule ressource , et quand il est malheureux , il vient placer chez nous son lorgnon , son épingle et ses breloques. Il paraît que la soi-rée d'hier lui a été favorable, car il vient *dégager.* » Effectivement, il donna deux cent cinquante francs, montant du prêt ; plus , trente francs d'intérêts pour six mois et quelques jours , ce qui faisait près de vingt du cent , et disparut en pirouettant et en fredonnant un final de Mayer-Beer.

LES

CHANTEURS AMBULANS.

Paris est vraiment un séjour dé-
licieux pour les oisifs. Dans cette
vaste capitale, on trouve beaucoup
plus facilement que partout ailleurs le moyen de tuer ce pauvre
temps, qui passe si vite ; et bien
qu'un poëte ait dit : *Fugit irrepa-
rabile tempus*, il est des gens qui

pensent que sa marche est encore trop lente.

Chargé d'aller toucher des fonds chez un négociant de la rue Saint-Denis , que je ne trouvai pas chez lui , je résolus , en attendant l'heure de son retour , de faire une petite promenade le long des quais qui bordent la Seine , depuis le Louvre jusqu'à l'Arsenal.

Ces chanteurs ambulants , ces marchands de ferraille , ces jongleurs , ces colporteurs forment un contraste qui excite vivement la curiosité. Il en est de ce tableau comme de la dernière décoration des *Petites Danaïdes*; on ne peut saisir à la fois tous les détails de cette scène si animée.

» Examinez, messieurs, dit un marchand de vulnéraire suisse, les nombreuses qualités de mon élixir! par lui on obtient à la fois la sagesse, la force, la santé, la sobriété, la bravoure. Grâces à ce précieux spécifique, j'ai donné de la probité à un agent d'affaires, du courage à un huissier, de l'esprit à un notaire, de la modestie à un poëte en faveur, de la politesse à un commissaire de police, et de la conscience à un mouchard ! »

« Accourez , dit un escamoteur, accourez ! je vais faire des tours surprenants , incroyables , et M. Comte , qui se dit physicien du roi , n'est auprès de moi qu'un ignorant. Je veux escamoter une personne de la société ; oui , messieurs , une personne vivante , naturelle ; mais , avant de passer à ce tour plus qu'humain, permettez-moi de vous offrir , messieurs , avec votre horoscope imprimé , une petite boîte de cirage anglais , première qualité , et le tout pour la bagatelle de deux sous ! »

A quelques pas de là , quelques sauteurs montés sur des échasses,

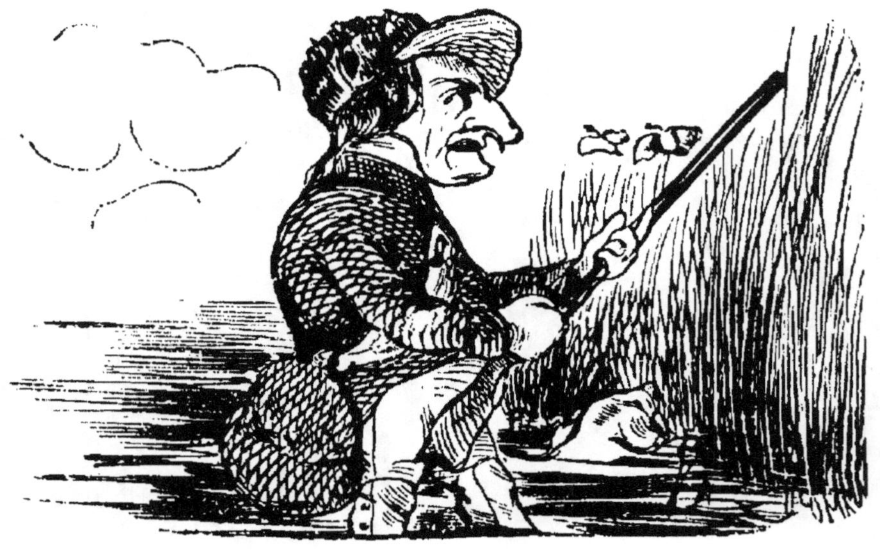

dansent en s'accompagnant d'une voix rauque et glapissante, tandis qu'un peu plus loin une virago habillée en paillasse fait la roue et le saut de carpe sur un tapis en guenilles.

Un joueur d'orgue, après avoir braillé l'éternel *Robin des Bois*, entonne une chanson grivoise à faire dresser les cheveux aux moins susceptibles, et le tout avec l'autorisation de M. Del....., préfet de police, qui pourtant a pris pour devise, comme chacun sait, *les mœurs avant tout*, et a fait allonger les jupons des nymphes de l'Opéra. *E sempre bene!*

Tandis que , semblable au pro-
vincial nouvellement débarqué du
coche d'Auxerre , je passe d'un
spectacle à un autre, j'arrive près
d'un homme dont les vêtements
en lambeaux étaient loin de prévenir en sa faveur ; cependant sa
figure maligne et spirituelle me
frappa : « Venez , s'écria-t-il ,
venez voir ma lanterne magique !
c'est un spectacle extraordinaire !
cette lanterne a le don de prédire
l'avenir ; vous y verrez les mœurs
de nos fils, de nos petits-fils , de
nos arrière-petits-fils ; vous con-
naîtrez les événements remarqua-

bles qui doivent avoir lieu dans les siècles futurs !

Surpris du langage de cet homme et du ton d'assurance avec lequel il faisait son annonce, je me hasardai, et mon cicérone, après avoir tiré sur moi et quelques autres spectateurs le rideau protecteur, commença l'exploration en ces termes :

« Je vais vous transporter, messieurs et dames, à l'année 1956. Ceci vous représente le monument appelé l'Arc de l'Etoile. Ce beau morceau d'architecture, qui fut commencé au dix-neuvième siècle et ne fut achevé qu'en 1942 , fut consacré à perpétuer le gloire de Charles XIII , dit *le Grand* , après la mémorable victoire qu'il remporta sur les Anglais sous les murs de Londres , dont il s'empara en 1940. Ce qu'il y a de particulier dans ce monument , c'est qu'il fut achevé par quatre tailleurs de pierre qui se succédèrent de père en fils ; sans doute l'état des finances d'alors ne permettait pas d'employer un plus grand nombre d'ouvriers à la confection des monuments nationaux.

» Ceci est une vue de Constantinople. Cette ville , prise par Mahomet II , fut possédée par les Turcs jusqu'en 1836 , époque à laquelle les Grecs la leur enlevèrent. Remarquez , à droite , le palais du Sénat ; à gauche, l'hôtel du gouvernement de la république des Hellènes.

« Voici le magnifique tombeau du grand peintre David , dans l'église de Sainte-Gudule, à Bruxelles. Son génie ne l'exempta pas des persécutions de l'esprit de parti , et il mourut sur la terre d'exil ; quelque temps après , ses compatriotes redemandèrent en vain ses cendres à la ville hospitalière qui lui avait donné un asile.

» Nous sommes maintenant au grand Caire , capitale actuelle de l'empire ottoman. Voyez le grand seigneur à son avènement au trône, jurant sur le Coran de maintenir la constitution que son père donna à ses peuples en 1929.

» Voici, voilà, messieurs, mesdames, la fameuse Bourse de Paris , d'après le modèle du Parthénon d'Athènes. Vous devez apercevoir de chaque côté , sur deux socles énormes, deux statues colossales allégoriques ; *l'Agiotage* et *la Banqueroute.*

» Changement de décoration.— Ceci vous représente l'imposante fontaine de l'Éléphant , monument extraordinaire et unique en Europe. On ne voit encore , à la vérité, que l'emplacement ; mais c'est égal , les fonds sont faits depuis cent quarante ans , et l'on n'attend plus pour continuer les travaux que la signature de M. le ministre de l'intérieur. Ne quittez pas ce tableau, messieurs, sans admirer la vérité de coloris de ces marbres rongés par le temps, et le beau désordre de ces blocs de pierre couverts de mousse. Quel monument, messieurs, quel monument que la fontaine de l'Éléphant !

» Passons maintenant à la galerie des tableaux.

» Ici, à gauche, est le portrait du célèbre général Foy, le Démosthènes de son temps, d'après une belle lithographie de Vigneron, peintre distingué de cette époque. Jamais, disent les chroniqueurs d'alors, cérémonie funèbre ne fut plus touchante que le convoi de

cet orateur guerrier dont les enfants furent dotés par la France
de plus d'un million de francs,
somme énorme pour ce temps-
là.

» Vous voyez, à droite, le célèbre comte de Vil..., ministre
des finances en 1825. Ce novateur
voulut changer le système finan-
cier en France, et compromit tellement la fortune publique, que
l'État fut à deux doigts de sa perte:
aussi fut-il nommé par ses contem-
porains *le Law du dix-neuvième
siècle*. Forcé de quitter le minis-
tère en 1827, et ne pouvant rester

à rien faire, il se fit prêteur à la petite semaine. Quelques années après, on le trouva un beau jour mort sur son coffre-fort, qu'il tenait étroitement embrassé.

» Voici encore, à droite, M. le comte de Cor...., ministre de l'intérieur à la même époque, peu connu comme diplomate, mais beaucoup comme grand amateur de bouquins. C'est à lui que nos antiquaires doivent la conservation de plusieurs belles éditions de l'*Al. manach des Gourmands* et *la Phy-siologie du Goût*, ouvrages fort rares maintenant. Ce ministre, ayant mangé avec trop d'avidité d'excellentes truffes chez un de ses confrères, mourut d'indigestion en 1830. On montre encore, au cabinet de curiosités, le squelette du petit cheval qui avait l'honneur de porter cet illustre personnage pendant sa vie.

» Ceci vous représente M. de Fr........, d'abord directeur de l'instruction publique et depuis président du conseil. Il tient la plume avec laquelle il vient de contre-signer, en 1829, l'ordon - nance du roi qui expulse les jé - suites de Saint-Acheul et de

Montrouge, et rend l'instruction
publique aux professeurs séculiers.
Grand exemple de l'instabilité des
choses humaines !

» A côté est le duc de Mont......,
gouverneur du roi Charles XI. Ce
grand homme, l'un des plus éru-
dits de son temps et à qui nous
devons une foule d'ouvrages très-
estimés, s'amusa pourtant, au milieu de sa carrière, à composer une
petite pièce qui se joue encore quelquefois de nos jours et qui est inti-
tulée : *l'Académicien par ordre*,
ou *l'Intrigue à l'Institut.*

» Voilà, messieurs et dames,

ce que j'ai l'honneur de *vous re-présenter : si* vous êtes contents, faites-en part à vos amis et con-naissances ? »

Je m'éloignais encore tout émer-veillé de cette lanterne magique d'un genre nouveau, quand je ré-fléchis à la commission dont j'étais chargé. L'heure fixée me parais-sant devoir être écoulée, je portai la main à mon gousset ; mais, hélas ! ou m'avait volé ma montre 'argent. Je ne doutai pas un ins-ant que le voleur ne fût le maudit ropriétaire de l'optique ou un de es compères. Je retournai sur mes

as ; mais l'homme et la lanterne
magique avaient disparu. Je mau-
s ma sotte curiosité, et me pro-
is bien à l'avenir de ne plus don-
er à messieurs les filous l'occasion
'exercer leurs talents à mes dé-
ens.

LES LAQUAIS PARISIENS.

—

Il est mille manières maintenant d'étaler un luxe ridicule et de frapper les yeux de la multitude toujours prête à admirer ceux qui jettent l'or à pleines mains. Tantôt un entrepreneur de bâtiments parvenu éclabousse la foule avec un brillant boghei, et étonne toutes ses anciennes connaissances par l'assurance que lui a donnée sa

nouvelle fortune ; tantôt un enri-
chi de la bourse, hier encore clerc
d'avoué, promène sur un cheval
brillant et prompt comme l'éclair
la douce oisiveté que lui ont pro-
curée ses heureuses spéculations ;
mais le *nec plus ultra* du bon
genre et ce qui paraît indiquer une
immense fortune, c'est un nombreux domestique. Voyez ces heureux fainéants couverts d'habits
chauds et élégants, tandis que ce
misérable artisan qui passe auprès
d'eux, et qui épuise sa santé pour
donner du pain à sa famille, n'a
qu'une mauvaise redingote par les
trous de laquelle l'air hivernal pé-

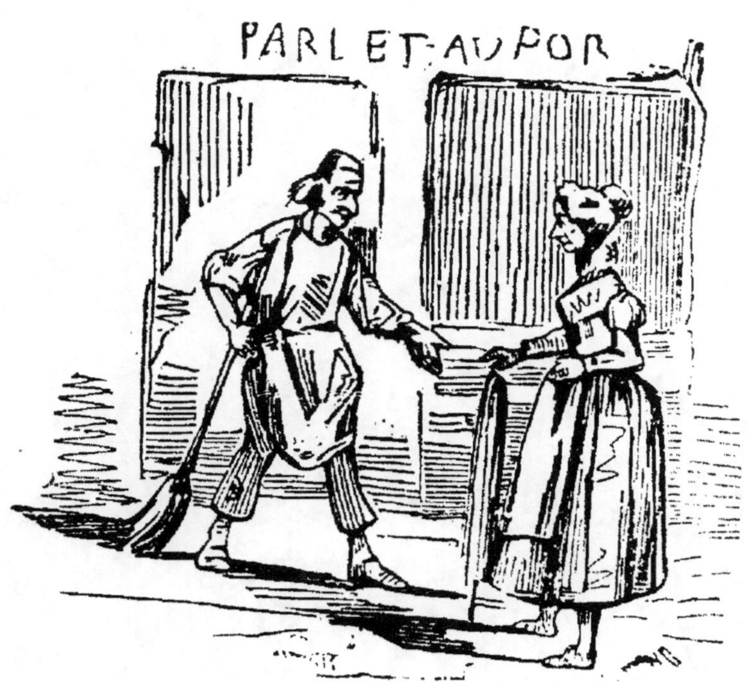
PARL ET-AU POR

nètre de tous les côtés. Cependant ce pauvre homme préfère son sort à celui de ces nombreux inutiles. Lui proposer de partager le sort de ces valets qui jouent entre eux et se plaisent au sein d'une ignoble servitude serait lui faire injure ; il préfère sa chambre du sixième, son pain bis et sa redingote en lambeaux, à ces brillants hôtels, à l'excellente nourriture de l'office et à une élégante livrée.

Un de mes vieux amis a fait une fortune colossale ; c'est vraiment un chapitre du roman le plus invraisemblable. Un sien oncle, qui avait la manie des voyages, s'embarqua à Marseille, il y a quelque trente ans ; il arriva au Caire, prit du service dans les troupes du vice-roi, se fit musulman et occupa un grade élevé dans l'armée égyptienne. Devenu le favori de son maître qui le chargea de plusieurs expéditions importantes contre les Wahabites et les Arabes du Darfour, il acquit des richesses immenses dont il jouissait tranquillement dans son harem, quand se sentant près de sa fin, et ne voulant pas faire son héritier de sa hautesse, qui n'aurait pas manqué de s'emparer de ses piastres, selon l'aimable législation turque ; il écrivit à son neveu, seul reste d'une nombreuse famille, et qui jusqu'ici avait vécu dans un état voisin de l'indigence, de venir le trouver ; le vieux renégat mourut entre les bras de Gerville, après lui avoir remis en or et en diamants une valeur de plus de 1,500,000 fr., et celui-ci revint promptement en Europe.

Les richesses ne pèsent pas autant que la pauvreté à l'homme, mais elles l'embarrassent quelquefois. Gerville s'était logé dans un somptueux hôtel garni de la rue de Richelieu, il m'écrivit d'aller le voir, et quand j'arrivai chez lui je le trouvai lisant avec attention un article des Petites-Affiches. « Ha ! te voilà, me dit-il, parbleu tu m'enseigneras comment il faut dépenser mon argent, car je veux être pendu si je sais qu'en faire. — Sois tranquille, cela viendra ; mais qu'as-tu donc, tu parais contrarié ? — Tu l'as deviné, tu comprends, mon cher, qu'il me faut quelques domestiques, c'es indispensable, hé bien ! j'ai fait nsérer ma demande dans les Petites-Affiches, et vois un peu les maladroits, aucun sujet ne s'est encore présenté depuis ce matin ! — Les sots ! qui ne sentent pas d'une lieue un maître qui a de l'argent ! — Je vais me faire conduire chez M. Williaume ou chez M. Brunet. — Prends garde, MM. Williaume et Brunet ne procurent que des épouses, je crois. — Bah ! bah ! il ne m'en coûtera que 80 fr. pour me faire enregistrer. — C'est la moindre des choses. »

Ici un violent coup de sonnette interrompit notre conversation, et le garçon de l'hôtel annonça M. Dujasmin. Aussitôt nous vîmes entrer un assez joli homme de trente ans à peu près, mis dans le dernier goût, le lorgnon à la main, les gants blancs, le pied contenu dans un escarpin très-fin, le pantalon collant noir dessinant une fort belle jambe, les cheveux frisés par Harmand ou Nardui et soigneusement parfumés ; tout enfin indiquait en lui un merveilleux du jour. C'est vous qui êtes M. Gerville ? dit-il en *zezéyant*. — C'est moi-même, monsieur. — Monsieur, vous avez fait demander par la voie des Petites-Affiches un..... — Comment, monsieur, est-ce que vous seriez..... — Oui, mon-.

sieur, *artiste-valet* pour vous servir si j'en étais capable. — Mais, monsieur... — Permettez ! je conçois votre étonnement, monsieur, il vous paraît peut-être *singulièrement* extraordinaire qu'un homme qui se destine à la domesticité ait un genre comme le mien ! Ah ! c'est que monsieur ne connaît pas encore le grand monde... — Monsieur !... — Permettez que je vous développe tous mes moyens ! voyez cette jambe, comme c'est moulé.....; elle a terriblement tourmenté de Martons ; voyez ces favoris si réguliers, si noirs ; combien de Lises en ont raffolé.... Tous les

jeunes fashionables du boulevard
Coblentz, c'est en partie moi qui
les ai formés...; je m'étais d'abord
consacré au service des dames,
mais c'était trop fatigant, je serais
mort à la peine... Vous concevez
cela facilement, un joli homme
comme moi, et puis les brutaux de
maris. Ah! monsieur, quels en-
nuyeux personnages que ces maris!.... Je me suis donc résigné à
me jeter dans la réforme..... —
Mais, monsieur, je ne vois pas
trop.... — Permettez! permettez!..... d'abord, monsieur, je
donne des leçons d'élégance et de
bon ton, c'est déjà quelque chose.

Je fais la faveur d'enseigner à la personne qui m'occupe, la manière la plus nouvelle de mettre sa cravate et d'arranger ses cheveux....; ensuite nous allons déjeuner ensemble chez Hardi. Il est inutile, je pense, de dire à monsieur que je ne porte pas de livrée. Puis nous revenons faire notre toilette, car nous sommes abonnés chez le tailleur le plus en vogue, que monsieur paye bien entendu, et nous partons faire un tour au bois... — Mais de grâce... — Permettez ! permettez ! un joli homme comme moi ne peut manquer d'attirer tous les regards, de fixer l'atten-

tion de toutes les jolies femmes....
Qui donc est ce beau jeune homme,
cet élégant jeune homme?....
Comment, vous ne le connaissez
pas, c'est Dujasmin..... c'est le
célèbre Dujasmin qu'a eu la com-
tesse de Pibraque, la duchessee de
la Gaudicherie, la marquise d'Es.
crocqueville', etc.... C'est cela
même..... Avec qui donc est-il?....
avec M. Gerville, ce nouvel enri-
ch,....'. Ah! c'est lui qui a le bonheur de l'avoir chez lui..... Il
commence déjà à avoir fort bon
ton depuis que cet élégant jeune
homme est à son service.... il faut
inviter M. Gerville à notre pro-

chaine soirée. — Ma bonne... tu crois?... — Lafleur, allez dire à M. Dujasmin d'amener son maître demain soir à l'hôtel... C'est charmant... — Mais, monsieur Dujasmin. — Permettez! permettez!... comme un joli homme comme moi ne pourrait trop se payer, j'entre chez vous avec 1200 fr. d'appointement et au moins mille écus de profits, et je mange à votre table... convention *sine qua non*! — M. Dujasmin, me laisserez-vous enfin parler?... Vous êtes un fat, un impertinent, je n'ai pas besoin de vos services, et faites-moi le plaisir de sortir le plus promptement possible... — Vous ne savez pas ce que vous refusez, monsieur. — Cela se peut, monsieur l'*artiste-valet*, mais je puis me passer de vous... » M. Dujasmin fit une pirouette en murmurant les mots: *ignorant, campagnard, parvenu*, qu'heureusement mon ami n'entendit pas, et il partit en fredonnant un air de Rossini.

PERSONNAGES

DIVERS.

Un vieux proverbe l'a dit avec raison : Il n'y a point de sots métiers, il n'y a que de sottes gens.

Jusqu'à un certain point, on pourrait dire aussi qu'il n'y a point de petits métiers dans une ville comme Paris, quand ils sont exercés en grand et qu'ils résultent de l'intelligence appliquée à une chose utile à tout le monde : ainsi, pour en citer peu d'exemples, un savant académicien, membre de l'Académie des sciences, gagna quinze mille livres de rentes le jour où il fit pâlir l'amadou, le briquet de fer et la vieille allumette, devant l'éclat soudain du briquet phosphorique. Cela n'empêche pas que ce ne soit un fort joli petit métier, et très-peu lucratif, que celui qui consiste à vendre en plein air et au détail des allumettes phosphoriques ou non.

De la même manière, c'est un très-petit métier que de brosser un pantalon, cirer des bottes pour un sou, sur les parapets de nos ponts ou aux abords des lieux fréquentés, tandis qu'il existe au Palais-Royal une boutique de décrotteur dont le propriétaire possède plusieurs maisons dans Paris, tandis que les entrepreneurs du cirage en grand exercent un commerce considérable et arrivent à la fortune de la manière la plus *luisante.*

Laissons maintenant de côté ces aristocraties d'allumettes et de cirage proprement dit, pour ne nous occuper que des *petits métiers.* Le nombre en est immense dans Paris, où l'on compte précisément autant d'états ou de métiers qu'il a de jours dans l'année, c'est-à-dire *trois cent soixante-cinq.*

Pour l'instruction de nos lec-eurs, dont quelques-uns en savent eut-être autant et plus que nous ur cette matière, réunissons ici quelques anecdotes relatives aux petits métiers. Dans cette énumération le chiffonnier mérite le premier rang.

Un jour, un chiffonnier ramassa dans la rue, avec son crochet, un chien mourant, qui râlait encore ; le chien était un épagneul dont l'extérieur soigné annonçait qu'il appartenait à une bonne maison. Son poil parut excellent pour doubler des pantoufles, et le chiffonnier, quand il eut fait l'inventaire de sa hotte, se mit en devoir de dépioter l'épagneul. Il lui sentit une grosseur dans le gosier ; il lui ouvre le cou, que voit-il ! une bague, enrichie d'un beau diamant ; le chien s'était étranglé en voulant l'avaler par distraction. Ce fut autrefois un petit métier que de vendre des chats cousus dans la peau d'un chien, mais ce genre de commerce est totalement perdu aujourd'hui. Le seul qui subsiste dans ce genre, consiste à tondre les chiens, à couper les chats ; ces fonctions ont immortalisé au Pont-Neuf, le nom de La Rose, lequel, au bas de l'affiche qui annonçait son savoir-faire, avait innocemment ajouté : Et sa femme pareillement. C'est une vieille histoire, car elle remonte au temps où existait la Samaritaine, plus connue alors sous le nom de la Sainte-Maritaine.

A propos de cette vieille fontaine, dont le carillon populaire souait des airs les jours de fête, et qui sonnait exactement les heures, on peut citer une anecdote un peu sale, mais très-originale. Un savant observateur, auquel rien n'échappait , suivait par hasard un bon bourgeois; il n'y faisait aucune attention, quand il l'entendit faire un pet des plus retentissants. Ce pet est suivi d'un second et le second d'un troisième; en ce moment la Samaritaine sonne trois heures ; le savant observateur n'y tient plus; il s'approche de l'auteur des trois détonations, et, lui frappant légèrement sur l'épaule : « Monsieur, lui dit-il, il paraît que vous *avancez* de quelques secondes sur la Samaritaine. » Cette bizarre boutade a été racontée à l'empereur Napoléon, qui en riait beaucoup.

Dans la quantité de petits métiers qui s'exercent dans Paris, il en est de tels que l'on ne conçoit pas qu'ils puissent suffire à l'existence de ceux qui y cherchent une ressource. Que peut gagner, par exemple, cette pauvre femme qui porte dans un éventaire des feuilles de laurier-cerise et quelques gousses d'ail? Sa boutique ne vaut pas vingt sous, et son approvisionnement lui en coûte plus de dix. Et cette autre, qui colporte de l'amadou et des allumettes de la vieille roche; et celles qui, aux abords des ponts, ont une cuisine complète, un garde-manger complet, et vendent, selon les saisons, des harengs grillés, des pommes de terre frites, des griblettes, des tranches de lard maigre qui ne sont bien souvent que des morceaux de chat ou de chien fumé. On a trouvé une grande quantité de ces animaux réduits à l'état de jambon de contrebande, lors des visites que fit exécuter la police après le choléra dans les quartiers les plus pauvres de Paris, notamment dans le douzième arrondissement.

Il y avait autrefois dans les Champs-Élysées une bonne vieille femme, toujours bien tenue, bien mise, dont le petit métier, et l'on sait assez qu'elle avait et qu'elle a encore beaucoup de concurrentes, dont le petit métier, disons-nous, consistait uniquement à vendre des morceaux de pain d'épice, des bâtons de sucre d'orge et des croquets ; elle vivait pourtant ; elle est morte il y a trois ans, après avoir exercé son état pendant quarante ans, et l'on a trouvé chez elle, après sa mort, un contrat de rente de 5oo fr. et 4,ooo fr. en or, ce qui prouve qu'il n'est point de si minces bénéfices sur lesquels, avec de l'ordre et de l'honnêteté, on ne puisse faire des économies. Le plus pauvre a son superflu comme le plus riche; le plus pauvre peut s'assurer de l'aisance, tandis que l'on voit souvent le plus riche se ruiner. La bonne conduite est tout dans ce monde.

Voyez maintenant les marchandes de cure-dents! voyez les chanteuses ambulantes, munies d'une guitare ou d'un violon, dont elles accompagnent leurs voix discordantes; elles pénètrent dans les cafés, dans les cabarets, au grand désespoir des consommateurs, qui leur donnent plutôt pour s'en dé-

barrasser que pour les récompen-
ser. Elles exercent sans doute un
petit métier, métier honteux, fatigant, qui flétrit l'enfance. Eh bien,
sur le nombre de ces pauvres enfants qui pullulent dans la capitale, il en est quelques-unes qui deviendront un jour des artistes dis-
tinguées sur nos premiers théâtres,
qui rouleront carrosse ; mais ce
sera au plus une sur mille, les
autres deviendront filles publiques
et mourront à l'hôpital. Donnez à
vos petits enfants une corbeille
garnie comme celle de la bonne
vieille des Champs-Elysées, préfé-
rablement à un violon ou une guitare ; sur toutes choses, s'il leur
faut exercer un petit métier pour
vivre, que ce ne soit pas des tours
de force sur la place publique ; il

vaut mieux vendre cinq petites pommes à un sou le tas que de faire le métier de saltimbanque.

Parmi les petits métiers, il en est un qui doit paraître privilégié, à cause de la bonne odeur qui entoure toujours ceux qui s'y livrent; c'est le colportage dans une petite charrette de citrons et d'oranges ; il faut y joindre la vente des parfums du sérail, quoiqu'ils soient du sérail comme vous êtes le Grand Turc ou la sultane favorite, et encore la vente des petits gâteaux , toujours tout chauds, tout brûlants, même quand ils sont de la semaine passée et qu'il gèle à dix degrés. Comment ne seraient-ils pas chauds? vous les voyez enveloppés dans un nuage de fumée ! Savez-vous pourquoi? C'est que,

au-dessous de la table à claire-
voie sur laquelle on les étale d'or-
dinaire, on entretient une fumi-
gation continuelle. Nous prions les
marchands de gâteaux de Nanterre
en particulier, de nous pardonner
si nous dévoilons ainsi un des se-
crets du métier, et, après tout, il
serait fort à souhaiter qu'il n'y eût
point d'autre charlatanisme dans
les grands métiers et dans les fonctions les plus élevées de la société.

Quand on a mangé, il faut
boire, c'est de toute nécessité;
ainsi l'on ne sera pas surpris que
les marchandes de gâteaux nous
amènent tout naturellement à parler des marchands de coco et des
débitants de limonade et de tisane.
Tout à l'heure vous entendiez
dire : « Ils sont tout chauds, tout

brûlants. » Maintenant ce sera tout le contraire, témoin cet appel sacramentel aux gosiers assoiffés : « A la fraîche! qui veut boire! » Voilà comme quoi on souffle le chaud ou le froid selon son intérêt.

Les petits métiers sont quelquefois soumis à l'influence des saisons, et alors il en faut exercer plusieurs pour remplir son année. Ainsi les marchandes d'oranges deviennent successivement marchandes de cerises, d'abricots, de prunes, de poires et de pêches; ainsi les grilleuses de harengs se noircissent les mains à ouvrir des cerneaux quand vient la Madelaine, époque à laquelle, dit le proverbe, les noix sont pleines; ainsi ce brave Auvergnat qui vous vend des marrons grillés, vous offrira des gauffres l'été prochain. C'est une merveille que ces industries complexes se succédant les unes aux autres, et portant toutes avec elles la récompense due au travail. Chacun sent si bien la nécessité de s'occuper, que la paresse même et le vice se déguisent sous les apparences d'un petit métier, et la mendicité se met à l'abri sous le manteau d'un commerce exigu, comme par exemple, l'offre d'une petite pelote ou d'un quarteron d'épingles.

C'était encore un petit métier que celui qui consistait autrefois à demander leur contremarque aux personnes qui sortaient du spectacle avant la dernière pièce, dans l'espoir de la revendre dix ou

douze sous ; mais ce genre de spéculation a pris un tel degré d'ex-
tension depuis quelques années,
qu'il touche presque à la grande
industrie ; le commerce des billets
de spectacle, sans être encore coté
à la bourse, tient son rang dans le
monde commercial, et, comme tel,
échappe à nos investigations. Ce
n'est point non plus un petit métier que celui des marchands de
vieux habits, des raccolleurs de
verre cassé, des marchands de
peau de lapin, quoique ceux-ci
rentrent dans notre sujet, quand
ils se livrent aux utiles fonctions
de raccommodeurs de faïence.
Tous ceux-ci ne sont, en général,
que les délégués souffreteux et mal
rétribues de spéculateurs qui leur
laissent tout le labeur grossier et

pénible, comme souvent, dans une administration, c'est sur un employé subalterne que repose la besogne la plus difficile ; car la spéculation est partout, et rarement le travail profite intégralement à son auteur.

Dans Paris on trouve un petit métier organisé, enrégimenté, et ayant quelque chose de légal et qui fait partie du gouvernement : nous voulons parler de l'estimable corps des balayeurs placés au dernier échelon des fonctionnaires publics; ils vivent dans deux éléments opposés, à eux la poussière durant l'été et la boue pendant l'hiver ; pauvres malheureux divisés en quatre-vingts escouades, composées chacune de quatorze individus obéissant à un chef qui fait le quinzième, et le tout subordonné à un chef principal relevant de la préfecture de police. Point d'avenir pour eux, point de secours assurés en cas de maladie, point de retraite ; il faut qu'ils aillent toujours à l'ardeur du soleil, à la gelée, n'ayant en perspective que la misère, et par faveur l'hôpital ; et pour tant de douleur, ils reçoivent un salaire qui varie de 15 à 3o sous par jour. Le corps des balayeurs de Paris offre cela de remarquable, qu'il contient un certain nombre d'individus qui ont joui d'une honnête aisance ; la biographie des balayeurs et des balayeuses de Paris serait peut-être le livre le plus moral et le plus utile que l'on puisse offrir à l'instruction de la jeunesse ; et pourtant les places de balayeurs sont demandées, sollicitées par de nombreux concurrents. Pourquoi ne le seraient-elles pas? celles de bourreaux le sont bien! Ce n'est, certes, pas là un petit métier, et, tout bien considéré, mieux vaut cent fois être balayeur que bourreau.

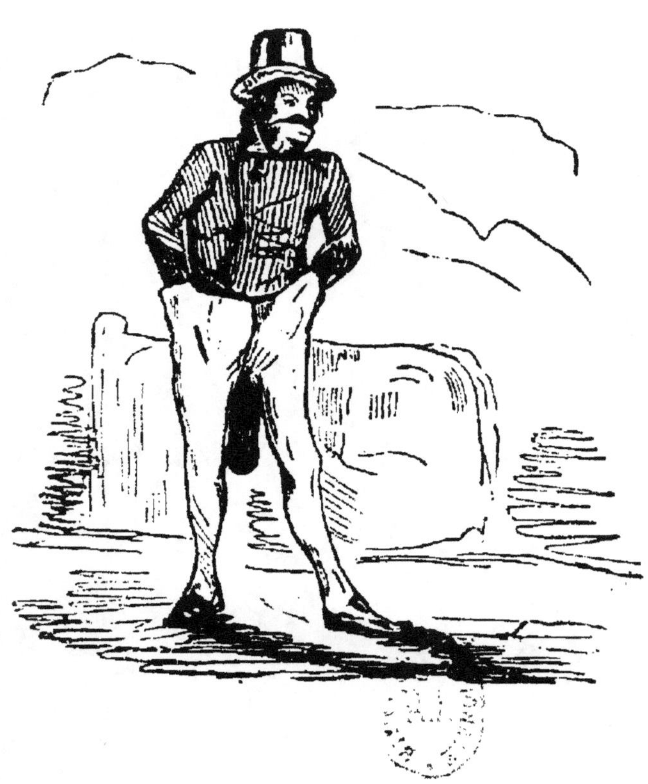

LES
CÉLÉBRITÉS

POPULAIRES

LE GASTRONOME
MANGEUR DE CAILLOUX.

Arrière Berchoux, Brillat-Sava-
rin, et vous tous gastronomes re-
nommés !... vous avez fait de belles
et bonnes choses, j'en conviens,
vous avez écrit des livres spirituels
et inventé des sauces délicieuses,
c'est incontestable ; mais voici un
gaillard qui doit vous laisser bien
loin derrière lui ! Ce gastronome de

nouvelle espèce mange des cailloux, et il les digère.

« Messieurs, dit-il en montrant au public un plat rempli de ce comestible d'un nouveau genre, vous n'ignorez pas que tous les goûts sont dans la nature; mais j'ose me flatter que le mien n'est pas commun; aussi ne s'est-il développé que dans une circonstance vraiment extraordinaire, comme je vais avoir l'honneur de vous le raconter.

« Vous saurez donc, Messieurs, qu'à l'âge de quinze ans, j'entrai chez un apothicaire en qualité d'élève en pharmacie. Mon maître, M. Philipotaud, était un excellent homme ; mais comme il avait l'habitude d'essayer ses remèdes sur ses élèves , je ne tardai pas à m'apercevoir qu'il me faisait aller ; en conséquence, profitant d'un jour de foire, je quittai les lieux , et je m'embarquai pour les grandes Indes. Pendant quelque temps, la navigation fut heureuse ; mais nous n'étions pas encore à moitié chemin , lorsqu'il s'éleva une tempête furieuse qui brisa notre vaisseau , et nous fûmes tous engloutis. Je commençai alors à me trouver dans une position passablement embarrassante, car je ne savais pas nager ; mais ce fut bien pis lorsqu'après avoir fait le plongeon, j'aperçus un énorme requin qui venait droit à moi!... Je crus que j'allais être broyé entre ses immenses mâchoires... pas du tout! l'animal était tellement affamé qu'il m'avala sans me faire l'honneur de me mâcher. Vous comprenez, messieurs, que je me trouvai d'abord un peu interdit dans ce nouveau domicile ; pourtant après avoir repris haleine, je me retourne, et je me demande s'il n'y aurait pas quelque moyen de m'échapper ; puis tout à coup, je me rappelle qu'il me reste quelques grains d'émétique dans mes poches. Je les prends ; je les pose

sur la raie du poisson, et le monstre
éprouve aussitôt un si violent mal
de cœur, qu'il me vomit sur les
bords d'une île déserte située à
vingt lieues de là. Cette île, messieurs, n'était qu'un immense rocher
où il n'y avait ni animaux, ni végé-
taux ; mais, en revanche, les cail-
oux y étaient très-abondans. Il
fallait donc me soumettre à ce régime ; cela me parut dur d'abord,
puis peu à peu je pris goût à la
chose, et comme il s'écoula plusieurs années avant qu'un vaisseau
abordât dans cette île et me recueil-
lit, les cailloux, lorsque je quittai
cette plage déserte, étaient devenus

pour moi un met indispensable. »

Telle est l'histoire racontée chaque jour par le mangeur de cailloux ; nous ajouterons que ce personnage est un habile arracheur de dents.

———

LE COMTE DE GOMARD,
tireur de cartes.

Le comte de Gomard est un personnage illustre qui s'est fait tireur de cartes par amour pour l'humanité, et aussi afin d'aider madame de Gomard, son épouse, honnête blanchisseuse des environs de la place Maubert, à élever les nobles rejetons de cette illustre maison. Pendant long-temps, M. le comte dédaigna d'exercer son art dans les rues ; c'était dans les cafés et chez les restaurateurs en vogue qu'on le rencontrait, toujours en habit noir, bien chaussé, la perruque bien peignée et le chapeau sous le bras. — Messieurs, disait-il à haute voix en se promenant au milieu des consommateurs, c'est monsieur le comte de Gomard, qui a l'honneur de vous présenter ses respects et de vous offrir ses services.

Voici l'une des nombreuses aventures arrivées à M. de Gomard, et qui nous a été racontée par lui-même.

« Un jour ou plutôt un soir que je faisais mes offres dans le salon du café de l'Empire, établissement alors très en vogue, et qui était situé près des galeries de bois au Palais-Royal, un garçon de ce café s'approcha de moi et me pria de le suivre. Cela ne me surprit pas, car la même chose m'était arrivée cent fois. Je montai donc au premier étage, et je fus introduit dans un cabinet particulier où se trouvaient un monsieur fort bien mis, et une de ces jolies filles qui faisaient alor du Palais-Royal un véritable oasis, et qui toutes me connaissaient. m'aimaient et me consultaient..

Ah ! monsieur, c'était le bon temps !... Fifine, c'était le nom de la jolie fille, m'avait entendu, et elle avait décidé son monsieur à me faire appeler. Je commençai par tirer les cartes à cette aimable personne, qui enchantée, étonnée de toutes les vérités que je lui disais ne cessait de s'écrier : — Oh ! pour le coup voilà qui est vraiment extraordinaire !... Est-il possible que vous voyez tout cela dans vos cartes?... C'est prodigieux... Il faut convenir que vous êtes un habile sorcier !... Et une foule d'autres exclamations toutes plus flatteuses les unes que les autres.

« Pendant que j'opérais, le monsieur regardait au plafond, souriait de temps en temps, et jouait avec les bréloques de sa montre.

— Ah ! mon chéri, lui dit Fifine lorsque j'eus fini, le comte de Gomard est un grand magicien !

« Le monsieur ne répondait pas, et souriait assez niaisement.

— Tu ris, reprit Fifine ; tu te moques de moi ; eh bien ! pour te convaincre que je ne suis pas si sotte, je veux qu'il te tire les cartes à toi-même.

« Le monsieur se fit un peu tirer l'oreille, mais enfin il consentit à ce que je lui fisse le grand jeu, et je commençai.

« Monsieur, lui dis-je, voici qui m'apprend que vous êtes très-heureux en amour...

Fifine se mordit les lèvres pour ne pas éclater de rire ; le monsieur demeura impassible, et je continuai :

« Vous êtes en ce moment tendrement aimé d'une jolie brune qui ne pense qu'à vous et que vous payez de retour.

— Parbleu ! interrompit le monsieur, il ne faut pas être sorcier pour devenir cela : il me voit en tête à tête avec une jolie femme et il m'apprend que je suis heureux en amour... la belle malice ! monsieur

le comte de Gomard, si vous n'avez
rien de mieux à me dire, fermez, je
vous prie, le livre du destin et lais-
sez nous en repos.

« Un instant, monsieur, je ne
puis vous dire qu'une chose à la
fois... que vois-je!... voici qui
semble annoncer que si vous êtes
heureux en amour, l'hymen ne vous
est pas aussi favorable...

— Allons donc! mon ami, vous
ne savez ce que vous dites : ma
femme est au moins aussi jolie que
ma maîtresse.

— Alors, monsieur, je souhaite
que votre maîtresse vous soit plus
fidèle que votre femme...

— Insolent!

— Monsieur, vous oubliez que ce sont mes cartes qui disent cela...

— Eh bien ! allez au diable, tes cartes et toi !

« En toute autre circonstance j'aurais tourné le dos à ce grossier personnage ; mais en regardant Fifine qui riait de tout son cœur, je me piquai au jeu.

— Monsieur, monsieur, dis-je gravement, moi et mes cartes n'irons pas où vous dites ; quant à vous, vous ferez bien de ne pas retourner si tôt à votre domicile, si vous ne voulez y trouver la preuve que j'ai dit vrai.

— Oh ! c'est intolérable ! s'écria-

t-il en se levant... que l'on chasse
cet homme!...

« Et il courut ouvrir la porte
pour faire exécuter cet ordre; mais
à peine eut-il fait un pas dans le cor-
ridor que je l'entendis s'écrier :

— Ma femme ! ma femme !...
Est-il possible !... suis-je bien
éveillé !... misérable que faites-vous,
ici ?...

« Je courus voir ce que c'était,
et j'aperçus un jeune officier qui
soutenait une jeune dame près de
s'évanouir... C'était la femme de
mon incrédule, qui sortait du cabinet voisin. Cependant le mari
était furieux; il allait se porter aux

plus grands excès, lorsque la dame
se ravisant, parut recouvrer subite-
ment ses forces, et répondit avec
dignité :

— Je suis venue ici pour vous y
chercher, monsieur ! Depuis long-
temps je savais que vous me trom-
piez et je souffrais en silence ; mais
vous avez comblé la mesure, et j'ai
voulu vous mettre dans l'impossibi-
lité de nier vos turpitudes. Sachant
donc que vous projetiez une orgie
pour ce soir, dans cette maison, et
n'osant pas me rendre seule dans
un tel lieu, j'ai prié monsieur, qui
est le frère d'une de mes amies de
pension, de vouloir bien m'y accom-

pagner... Et maintenant, infâme !
osez donc m'accuser... Osez me-
nacer votre femme après l'avoir in-
dignement trahie !

La belle dame dit tout cela avec
un tel accent de vérité ; et son visage, pendant qu'elle parlait, se
couvrit de larmes si abondantes,
que le pauvre mari fût convaincu
et ne songea plus qu'à trouver pour
lui-même une excuse admissible :
e vis son embarras, et j'eus pitié de
ui.

« Madame, dis-je en quittant le
second plan pour m'avancer sur le
premier, j'ai le regret d'être la cause,
bien innocente pourtant, du chagrin

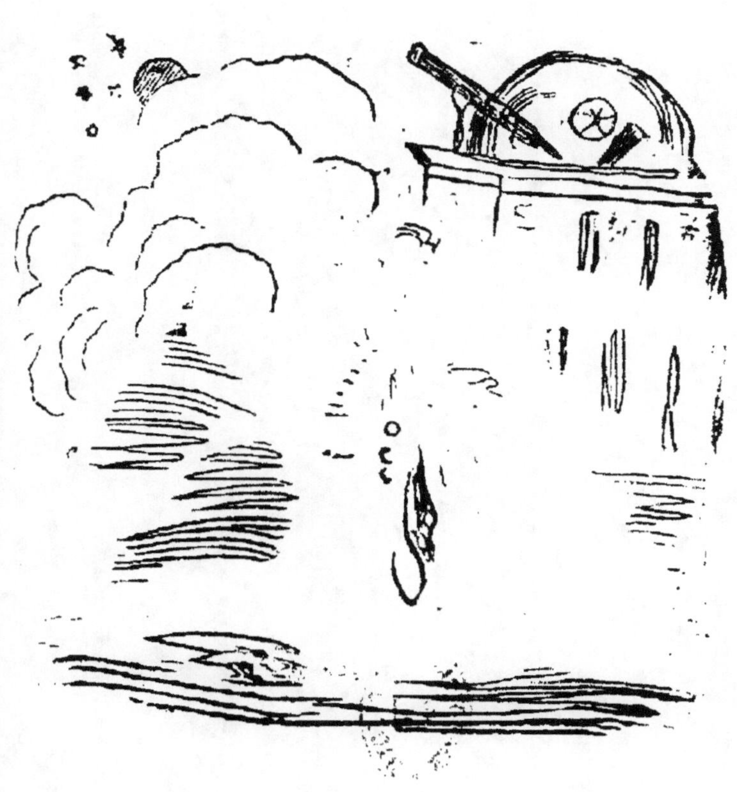

que vous éprouvez ; mais j'espère qu'il me sera facile de le dissiper. C'est moi qui ai entraîné votre mari ici ; il ne s'agissait point d'orgie, mais d'un souper entre deux vieux amis qui ne s'étaient pas vus depuis bien long-temps ; voilà tout le mystère.

Dès les premiers mots que je prononçai le mari fronça le sourcil ; mais lorsque j'eus achevé, il me remercia d'un coup d'œil, et me glissa sa bourse dans la main en me disant :

— Voici de quoi payer la carte. Puis il remercia l'officier, me serra la main, offrit le bras à sa femme, et ils se retirèrent tous trois.

Je rentrai dans le cabinet, où je trouvai le souper servi, et Fifine qui riait comme une folle. Nous ne nous quittâmes qu'au jour, et en sortant il me restait encore trente louis... Malheureusement je crois que la race de ces maris là commence à s'éteindre, car il y a bien long-temps que je n'en ai rencontré de cette trempe. »

On voit que le comte de Gomard menait alors joyeuse vie; mais hélas! rien n'est stable ici bas; Gomard est devenu bien vieux, et l'on rencontre maintenant le pauvre sorcier couvert de guenilles dans les plus humbles guinguettes des barrières,

LE MARCHAND DE PETITS PAINS.

Ce boulangér ambulant est le premier qui se soit avisé de chanter ses petits pains au lieu de les crier. Voici les vers de sa façon qui le firent remarquer

> Ils sont au beurre et aux œufs,
> Mes petits pains,
> Ils sont au beurre et aux œufs
> Qui est-ce qui en veut?
> Accourez jeunes fillettes,
> J'ai de quoi vous contenter,
> Si vous ne voulez déscendre,
> Faites moi signe de monter.

Les filettes se montrèrent d'autant plus friandes, que le marchant était joli garçon; de celles qui *lui firent signe*, le nombre fut grand, et Dieu sait que d'indigestions il en résulta ! mais le pis de l'histoire, c'est qu'à fore de monter le pauvre garçon finit par perdre haleine ; aujourd'hui la voix lui manque, et les filettes aussi.

MADELEINE, vierge de Nanterre.

Madeleine est une vierge de Nanterre qui s'est rendue célèbre en vendant des gâteaux de son village. Naguère encore, on la voyait tous les matins dans les environs du Palais-Royal, où elle criait ses gâteaux en ces termes :

C'est la belle Madeleine qui vend ses gà-
teaux.
Elle vend ses gâteaux la belle Madeleine.
Elle vend des gâteaux
Qui sont tout chauds.

La *belle* Madeleine avait le teint basané, la bouche grande, les yeux saillans, le regard égaré, ce qui ne l'empêchait pas de gagner beaucoup d'argent en vendant ses gâteaux. Lorsqu'elle se crut assez riche, elle résolut de former quelque établissement public d'une utilité reconnue, et elle fit annoncer l'ouverture d'une maison, aux Champs-Élysées, où les jolies demoiselles trouveraient toujours une compagnie brillante, des gâteaux toujours frais, du vin toujours vieux, et en outre des cabinets particuliers pour les amis de la décence.

Pour une vierge, l'idée était originale ; mais elle ne fut pas heureuse : malgré tous les agrémens qu'offrait cet établissement, il ne réussit pas, et la belle Madeleine fut obligée d'en revenir à ses gâteaux. Mais pourquoi vouloir être à la fois vierge et philantrope? C'est trop de moitié.

LE JOUEUR DE MARIONNETTES.

En 1677, on éleva au Marais, à Paris, un tout petit théâtre sur le-

quel on fit jouer des enfans ; la
scène semblait ainsi un tableau de
Laer ; on donna aux acteurs le sur-
nom du peintre, et ce spectacle fut
nommé un *spectacle de Bamboches.*
Les *Bambochades* attirèrent la foule
pendant quelque temps : à Paris, la
nouveauté fait toujours naître l'enthousiasme, mais l'enthousiasme parisien est un fils extrêmement tendre, qui ne peut jamais survivre à
sa mère. Or, le jeu des acteurs mar-
mots, cessant d'être un spectacle
neuf, cessa aussi de causer l'admiration et bientôt ce théâtre fut désert.
Mais le théâtre des Bamboches était
dirigé par deux hommes de génie

qui trouvèrent un moyen de triom-
pher de l'inconstance du public.
Nos petits comédiens avaient sans
doute un très médiocre traitement,
encore fallait-il cependant les nourrir. Des maîtres étaient indispen-
sables pour aider leur intelligence
et leur apprendre leurs rôles ; ce
n'était à chaque instant que pièces
nouvelles , dont les auteurs voulaient toujours retirer une rétribu-
tion ou qui exigeaient sans cesse des
frais de costumes. Les deux directeurs réfléchirent qu'ils pouvaient
obvier à tous ces inconvéniens ; ils
pensèrent judicieusement qu'en se
formant une troupe d'acteurs de

bois, ceux-ci seraient très faciles à
nourrir ; qu'en les costumant une
fois pour toutes, d'une manière bizarre qui servît à un certain nombre de pièces qu'ils composeraient
eux-mêmes et qui formeraient tout
leur répertoire, ils se verraient ainsi
délivrés des auteurs, des costumiers
et des maîtres de déclamation. Cette
idée était lumineuse, elle fut aussitôt mise à exécution. L'un des asso-
ciés présenta un cadre dramatique
qui, à quelques varations près,
pourrait se reproduire à l'infini,
et dont le fameux polichinelle serait
le héros principal; il lui adjoignit un
cassandre, un commissaire, un

aveugle, un Suisse à moustaches, un scaramouche, une mère Simone, une dame Gigogne, un apothicaire, des archers et des diables. L'autre associé se chargea de faire fabriquer les artistes. Dès que la troupe fut arrivée de chez le tourneur, on l'habilla et elle fut convoquée en assemblée générale. Tous ayant pris place sur des banquettes, les deux directeurs qui présidaient, demandèrent que l'on fît le plus grand silence. L'associé-acteur se leva alors et prononça ce discours : « Messieurs et mesdames, vous formez la troupe des véritables Fantoccinis français ; j'aime à croire que nous

vivrons long-temps ensemble et mu-
tuéllement satisfaits les uns des autres. Loin d'ici toutes les passions
haineuses, les rivalités, les sentimens d'amour - propre : rien ne
pourra aigrir votre cœur, vous resterez sourds à toutes les insinua-
tions perfides..... Eh ! messieurs,
ne nous êtes-vous pas tous également chers ? ne valez-vous pas tou s
le même prix ? Certes, vous êtes
tous également bien tournés, mai s
il ne peut y avoir qu'un rô'e brillant : entendez donc sans murmure
que l'un de vous soit préféré par
moi. » Aucun ne murmura. « Vous,
polichinelle, continua l'orateur,

c'est à vous que je confie le premier
emploi ; cette distinction est due à
votre nom fameux : vous serez in-
vulnérable, et en conséquence toujours triomphant. Vous, l'aveugle,
vous vous laisserez tuer par lui ;
vous, commissaire ; vous, Suisse à
moustaches ; vous, archers ; vous
souffrirez également qu'il vous as-
somme l'un après l'autre, et arrivera
le diable qui vous emportera ; l'intérêt et le comique de la pièce le
veulent ainsi : de grâce, messieurs,
ne vous en fâchez point..... » Aucun ne se fâcha. L'orateur poursui-
vit sur ce ton et avec un égal succès ; son associé ayant même été

obligé de quitter tout à coup l'assemblée, il ne cessa d'être attentivement écouté, et jouit, à la fin de son discours, des marques non équivoques d'un assentiment unanime.

Ainsi les rues de Paris s'enrichirent des Marionnettes, dont le nom devait un jour être deux fois et si ingénieusement célébré sur la scène française. Le début produisit la plus vive sensation. L'associé-Auteur parlait et faisait mouvoir les fils, l'autre faisait le Compère et interrogeait. De plus il jouait en même temps du violon, et à lui seul formait l'orchestre. Ce spectacle opéra des merveilles et se multiplia avec une rapidité inconcevable. Ne pouvant suffire à l'empressement du public, on prit le parti de supprimer les fils, et un homme caché, tenant ces acteurs par les jambes, les fit jouer en plein vent. Polichinelle paraissant au-dessus d'un rideau, assoma son Aveugle et ses Archers, tout aussi adroitement qu'il les assommait sur son théâtre. Les regards parisiens ne se lassent point encore de contempler un si agréable divertissement ; l'enthousiasme semble même s'accroître de jour en jour.

LE NAIN BÉBÉ.

Nous ne voulons pas parler ici
de ce nain que l'on présenta dans
un pâté au roi de Pologne; mais
d'un autre Bébé qui fit, pendant
quelques mois, la fortune du Cir-
que Olympique où on l'avait engagé.

Bébé qui avait gagné de l'argent,
et qui aimait fort le plaisir et la li-
berté, était fort contrarié de ne
pouvoir parcourir à son aise les rues
de Paris. Enfin l'envie de voir le
monde comme les autres hommes,
devint chez lui si violent, que, un
beau jour d'été, à trois heures du

matin , il sortit de chez lui , et se
mit à battre le pavé de la capitale.
D'abord personne ne l'importuna ,
par la raison toute simple qu'à cette
heure , les rues de Paris sont dé-
sertes , mais Bébé ayant prolongé
sa promenade , arriva près du Pont-
Neuf vers neuf heures , et se trouva tout à coup environné d'une
foule immense. Bébé , effrayé , s'enfuit par le quai de la Vallée et enfile
la rue des Grands-Augustins. La
foule était sur ses traces ; elle arriva
presque aussitôt que lui dans cette
rue ; mais le nain avait disparu.
On eut beau chercher , on ne le
trouva point , et cependant il était

devant tous les yeux : Bébé, passant contre la boutique d'un bottier, s'était glissé dans une botte forte.

Ceci a tout l'air d'un supplément à l'histoire du petit poucet ; mais nous pouvons affirmer que ce supplément n'est pas un conte.

———

LE MUSICIEN DES PROMENADES.

Virtuose extrêmement connu et qui mérite sa grande célébrité. Cet artiste ingénieux s'est imaginé de mettre toute sa personne en œuvre : il fait entendre à lui seul un double flageolet, une harpe, un tambourin, et en outre des cymbales et un groupe de sonnettes attachées à deux petites branches de fer qu'une ficelle fait mouvoir.

Une voix de femme se marie ordinairement à ses accords. Je ne l'ai entendu qu'une fois accompagner un chanteur. Celui-ci entreprit le grand morceau de *la Rosière* : *Ma barque légère portait mes filets.* On vit sa barque en danger ; j'ignore si elle fut ramenée à bord. Une des cantatrices avait le défaut de sembler immobile en chantant ; mais le public goûtait beaucoup sa romance favorite.

LE JOUEUR DE SERINETTE.

Ce personnage se tenait ordinairement sur la place Saint-Germain-l'Auxerrois. Sa serinette était placée sur une petite table, et il jouait paisiblement à quelque distance du musicien des promenades. Celui-ci eut la malice d'accroître encore l'harmonie de son concert, déjà naturellement un peu bruyant. Le joueur de serinette se fâcha, et on en vint de part et d'autre à des apostrophes très vives. — Qu'êtes-vous donc? lui disait le musicien des promenades, *un tourneur de manivelle!* — Et vous, répliqua le

joueur de sérinette, qu'êtes-vous?
un musicien *à coups de pieds et à
coups de poings !* A ce mot, le har-
piste se leva furieux, mais retenu
par les différentes ficelles qui l'at-
tachent à ses instrumens, il chan-
celle et va rouler à dix pas de la avec
son orchestre, aux applaudissemens
des gamins.

———

L'HOMME A LA LONGUE BARBE.

Cet aveugle, ainsi nommé parce
qu'il a en effet une barbe blanche
fort longue et fort épaisse, est un
personnage aussi pacifique que le

musicien des promenades est bruyant. Il est assis et ne dit mot ; tout son talent se borne à agiter sa tasse, dans laquelle il fait résonner une petite pierre. C'était autrefois une petite pièce de monnaie qu'il faisait sauter ainsi ; un mauvais plaisant s'avisa de la lui enlever et d'y substituer un caillou. Depuis ce temps, l'aveugle, à chaque sou qu'on lui donne, le met aussitôt dans sa poche, et laisse le caillou dans la tasse.

LA CHANTEUSE VOILÉE.

Cette chanteuse voilée venait tous

les soirs, il y a une dizaine d'année,
s'adosser contre le portail de l'église
Saint-Germain-l'Auxerrois : c'était
une jeune personne dont la mise
était toujours très-soignée. Sa taille
était élégante, sa voix douce et flexi-
ble, son accent tendre, sa pronon-
ciation pure : que de titres pour in-
téresser ! J'ajouterai qu'elle était
fort jolie ; solution qui inquiétait
beaucoup alors les spectateurs.

Cette femme fut l'occasion d'une
mystification singulière que nous
rapporterons : Madame Dumont et
mademoiselle Rose occupaient en
commun le second étage d'une des
maisons situées sur la place Saint-

Germain-l'Auxerrois. M. Orgont demeurait vis-à-vis dans une de ses propriétés, et venait passer toutes les après-midi avec ses voisines, qui se plaisaient à le turlupiner, parce qu'il était tant soit peu railleur et fanfaron, quoiqu'au fond un excellent homme. On parlait même d'un mariage entre sa fille et le neveu de mademoiselle Rose. Léontine était l'unique héritière d'un riche patrimoine ; M. Alphonse n'avait rien, mais il espérait une excellente place : on ne pouvait une union plus convenable, et M. Orgont n'était pas éloigné d'y consentir ; d'ailleurs, les deux jeunes gens s'étaient déjà entrevus deux fois, et s'aimaient éperduement.

On riait donc, on jouait, on causait, surtout on s'entretenait de tout ce qu'on voyait sur la place. — Mais que pensez-vous donc de la chanteuse voilée? lui demandait la sensible mademoiselle Rose. — Ma foi, répondit l'original M. Orgont, cette chanteuse pourrait bien être quelque sultane favorite échappée des érails du Grand-Mogol ; c'est certainement, ajouta-t-il, quelque illustre infortunée. — Mais, demandait la bonne madame Dumont en examinant le musicien des promenades, comment lui sera-t-il venu à l'idée de jouer de tant d'instrumens à la fois? Où a-t-il été s'imaginer de retourner des pincettes et d'attacher en haut des cymbales? Voisin, comment se nomme-t-il? Cet artiste est-il né en France? Oh! non, à son grand chapeau, je le crois quelque Russe... A propos, comment cela s'est il passé avec son joueur de serinette!... — Ma foi, mesdames, je n'en sais rien, répondit M. Orgont impatienté ; mais je tâcherai de l'apprendre.

A ces mots, il prit sa canne et son chapeau, et se retira d'un air tout à fait mécontent.

Trois jours s'étaient écoulés, et

M. Orgont ne reparaissait point.

Ces dames passaient tristement les heures à leurs croisées. Là, le spectacle varié des personnages célèbres, qui, en d'autres temps, savait si bein les distraire, ne faisait plus qu'ajouter à leur ennui.

Un soir que la foule ne faisait que s'accroître pour écouter la chanteuse voilée, qui ce soir-là chantait une romance remarquable. Il se faisait souvent un murmure d'étonnement. Mademoiselle Rose fut frappée de ces voix confuses.

La Chanteuse avait achevé sa romance ; mais on la pria de recommencer, et bientôt, pour la

seconde fois , elle fit entendre les
paroles suivantes :

Conseiller est chose facile;
On dit : gardez bien votre honneur.
Hélas, écoutez quel malheur
Poursuivait la pauvre Lucile...
O venez, ouvrez-lui vos cœurs
A cette jeune infortunée,
Qui pour l'innocence était née
Et toujours versa tant de pleurs.

A peine au sortir de l'enfance,
Je fuyais les vœux d'un barbon;
Voilà qu'il m'enlève en ballon.
Avec lui seul et sans défense...
O venez, ouvrez lui vos cœurs
A cette jeune infortunée,
Qui vers les astres entraînée,
Dans les airs versa tant de pleurs.

J'arrive en un lointain rivage;
Un pâtre est mon libérateur...
Survient un peuple destructeur
Et Lucile est dans l'esclavage...
O venez, ouvrez lui vos cœurs
A cette jeune infortunée,
Qui dans un cachot enchaînée,
Sous terre versa tant de pleurs.

J'avais su braver la colère
D'un sombre et farouche tyran,
Mais le jeune fils du sultan
Avait encor mieux su me plaire...
O venez, ouvrez-lui vos cœurs
A cette jeune infortunée,
Dont la cruelle destinée
Fut partout de verser des pleurs.

Le dirai-je, hélas, j'étais mère.
Nous voulons fuir, on nous surprend;
Un supplice affreux nous attend,
Tout est sourd à notre prière...
O venez, ouvrez-lui vos cœurs
A cette jeune infortunée...

Ici la romance fut interrompue. Depuis quelque temps on remarquait deux dames respectables par leur âge et leur extérieur, écoutant la Chanteuse avec un degré d'intérêt que l'on pourrait appeler le comble de l'enthousiasme. Une

domestique les accompagnait à une
juste distance, portant un fallot et
un petit épagneul. La plus âgée
s'appuyait d'une main sur une haute
canne noire, et de l'autre sur le bras
de sa compagne, qui, en même
temps, tenait une ombrette dé-
ployée, pour les garantir du serein.
Ces dames, arrivées avec beaucoup
d'empressement, s'étaient placées
en avant de la foule. A chaque mot
qu'elles entendaient, elles se parlaient bas avec chaleur, considé-
raient de nouveau l'inconnue, et se
parlaient encore. Mais lorsque
celle-ci eut prononcé : *Un supplice
affreux nous attend ; tout est sourd*

à notre prière..., leurs larmes, leurs sanglots attirèrent tellement l'attention des spectateurs, qu'il fut impossible à la Chanteuse de continuer.

Ces dames étaient madame Dumont et mademoiselle Rose. On vit la domestique qui avait reçu un ordre, s'approcher de la jeune personne, et lui parler à l'oreille en lui montrant les croisées de ces dames. Elle lui disait que ses maîtresses l'attendaient le lendemain matin sur les dix heures pour déjeuner. La Chanteuse répondit par un signe qu'elle se rendrait à l'invitation.

Le lendemain tous les timbres des horloges de la ville avaient retenti de la dixième heure, et le quart même approchait, lorsque l'on annonça la Chanteuse voilée. Mademoiselle Rose, qui regardait impatiemment de la place, vint de la fenêtre se précipiter sur la main de la jeune personne, et la pressa contre son cœur. — Que j'étais donc inquiéte ! lui dit-elle ; savez-vous, cher ange, que vous avez un peu tardé. Mais quel est votre nom, chère enfant ? La sultane répondit : Lise Alton. Mademoiselle Rose, qui avait lu beaucoup de romans anglais, entendit *miss* Alton. — Madame Dumont, s'écria-t-elle, c'est une miss! Celle-ci était en ce moment dans une pièce voisine où l'on servait. — C'est une miss! s'écria-t-elle à son tour; je m'en étais doutée. Allons, allons, venez, le déjeuner est prêt.

Mademoiselle Rose fit aussitôt passer la chère miss dans l'autre pièce. Les domestiques sont renvoyées; ces dames leur recommandent que personne ne vienne les déranger, ferment toutes les portes, et font placer l'étrangère entre elles. Enfin, nous la tenons, dit madame Dumont tout en s'asseyant. Son amie lui fit plusieurs signes pour l'inviter à modérer son impatience, et en même temps elle accumula questions sur questions. Si jeune ! répétait-elle, lançant par intervalles à l'étrangère un regard tendre et compatissant; si jeune ! et déjà tant d'expérience.... — Mais pas autant que vous le croyez, répondit la sultane; — Comment ! comment ! serait-il possible ? reprit mademoiselle Ro e ; en vérité, je s ais d'une impatience... — Laissons la donc déjeuner, dit madame Dumont : d'abord, chère miss, nous attendons le récit de vos infortunes.

La jeune personne parut toute saisie à ces mots. Hélas ! se prit

d'e à dire, souvent à la vérité....
Mais pourquoi vouloir.... Je n'oserai
jamais.... Figurez-vous donc
que je me trouvais en des pays loin-
tains dont les mœurs... les usages...»
Ces dames se morfondaient pour dissiper tant de scrupules. Vous voulez
donc que j'avoue à ma honte ? continuait la sultane...... Cette histoire
est vraiment singulière..... Il y a
des choses.... — Comment ! comment ! interrompirent enfin les deux
amies ; ne vous gênez donc pas, nous
sommes seules. — Nous ne sommes
plus des enfans , observa madame
Dumont. — Je suis demoiselle, il
est vrai, reprit sa compagne ; mais

chère miss, il est un âge ou il est permis de ne rien ignorer et de tout entendre.

En ce cas, dit la sultane, je vous obéis. Et après avoir toussé légèrement elle s'exprima ainsi.

« Je passerai rapidement sur tout ce qui est connu par ma romance, Mon ravisseur mourut dans les airs. Le pâtre fut mon libérateur, en ce qu'il me délivra d'une horde de sauvages qui épouvantés par mon ballon, et par moi-même qu'ils prenaient pour un oiseau de proie d'une espèce nouvelle, s'apprêtaient à me faire périr. Quant au peuple destructeur qui survint, c'étaient les

Karakalpacks, peuple habitant les bords de l'Aktouba.

Je passai successivement, et par le droit de la guerre, au pouvoir des Usbeks, des Kalmouks, des Nogaïs et des Kirguis. Le sultan était de cette dernière nation. Il se nommait Terrebiliformoud.

Vous savez que ses hommages furent repoussés avec indignation ; mais il faut vous dire ici que j'avais eu la douleur de voir massacrer mon vieux pâtre à mes yeux mêmes par les Karakalpaks, et que le vieilard m'avait si tendrement aimée, que même après sa mort il ne cessait pas de veiller sur moi : son ombre chérie m'apparaissait très souvent, et nous dissertions ensemble. J'eus le malheur que le sultan me surprit plusieurs fois dans un moment où je causais très vivement avec l'ombre protectrice. Terribiliformoud entra dans une telle colère, que je pensai mourir de peur et restai long-temps évanouie. Qu'elle ne fut pas ma surprise, quand je revins à moi, de voir à mes pieds un jeune prince aussi beau que le jour! La curiosité l'avait attiré vers cet appartement secret, d'où il avait remarqué que son père sortait souvent la fureur dans les yeux. Fidélistan (c'était son nom) s'était tout à coup épris d'amour pour moi. Fuyons, belle esclave, me dit-il d'un ton aussi tendre que respectueux ; fuyons chez les Kalmouks : ce peuple est ennemi des Kirguis, nous y serons en sûreté. Je ne disais pas non. Malheureusement le sultan ayant eu la fantaisie de revenir sur ses pas, et entendant une voix, fut curieux d'examiner cette ombre avec laquelle lui avais-je dit j'avais coutume de m'entretenir. Il entra donc, mais cette fois l'ombre ne disparut pas. Je ne saurais vous peindre son courroux. C'est ainsi que Fidélistan et moi, tous deux aussi innocens l'un que l'autre, nous

fûmes jetés dans les fers et condam-
nés au dernier des supplices.

« Vous savez que j'étais mère...
— Je sais par votre romance , répondit madame Dumont, que vous
étiez mère ; mais vous dites ici que
vous étiez tous deux innocens? Sans
doute, répondit la jeune personne
avec une extrême confusion , mais
c'est le sultan qui m'avait rendue
mère.... — Le sultan s'écrièrent
ces dames. — O ciel, avoir été l'é-
pouse d'un sultan, ajouta mademoiselle Rose ; si je ne me trompe ,
chère miss , vous disiez que ses
hommages avaient été repoussés?
—Cela est vrai, reprit la sultane

d'un air embarrassé ; mais vous
vous souvenez sans doute que j'a-
vais eu une peur affreuse..... Mademoiselle Rose allait parler préci pi-
tamment, elle se retint : bornée à
des notions vagues sur ce chapitre,
ses yeux cherchèrent à consulter
ceux de madame Dumont, qui, se
défiant apparemment de ses lumiè-
res, évita le regard observateur de
son amie. — Continuez, infortunée!
dit mademoiselle Rose en soupirant.
L'infortunée continua :

» Quoique je fusse enceinte, le
sultan était si courroucé, qu'il voulait que je mourusse sur-le-champ,
ainsi que Fidélistan qu'il disait

n'être point son fils, mais un esclave
kalmouk dont il avait eu pitié. Vous
connaissez *Misalabrouck ?* — Eh !
mon Dieu non , dirent à-la-fois les
deux amies. — Vous n'avez jamais,
reprit la sultane, remarqué à Paris,
sur les ponts ou sur les quais , un
aveugle qui a une grande barbe et
qui fait continuellement sauter un
caillou dans sa tasse? c'est un murse
karakalpack. Misalabrouck m'avait
prise en telle affection , qu'il avait
quitté ses tribus et sa patrie pour
s'attacher à ma destinée. Les Kirguis
lui avaient , en ma faveur, donné
un emploi considérable. Seul, il osa
venir , avec un noble courage ,

reprocher au sultan sa férocité et implorer notre grâce. L'impitoyable Terribiliformoud lui fit crever les yeux, ordonna qu'il fût jeté dans un cachot, et n'en fut que plus acharné à notre perte.

» Vous connaissez au moins *Solsirépifpan?* Eh! mon Dieu non, répondirent encore les deux amies. La sultane reprit : Solsirépifpan est le Musicien des Promenades.... J'étais restée dans une cruelle anxiété sur le sort de mon cher Fidélistan, on usait pour m'accabler d'un raffinement de cruauté que vous aurez peine à concevoir. Toutes les nuits j'entendais les cris plaintifs d'un homme qui expire au milieu des tourmens ; je distinguai; jusqu'au frottement du fer homicide, jusqu'au plus léger frémissement...

Dans cette position cruelle, reprit la sultane, j'implorai mon vieux pâtre, j'évoquai son ombre protectrice, qui depuis quelque temps semblait vouloir aussi en m'abandonnant, me punir d'un crime involontaire. Elle se rendit à mes larmes ; je l'avais toujours vue se présenter paisiblement, cette fois son approche fut annoncée par un cri affrayant ; elle parut accompagnée de quatre autres ombres qu'elle surpassait de toute la tête. Tout

s'agita dans l'appartement, les meu-
bles retentirent... Mes rideaux s'ou-
vrirent avec fracas ; j'aperçus dans
l'obscurité tous ces spectres me regardant avec des yeux étincelans ;
ils étendaient vers moi leurs mains
décharnées ; un coup terrible....—
Ah ! s'écria mademoiselle Rose,
quelle situation romantique et dé-
licieuse ! Chère miss, ayez pitié de
ma faiblesse, je n'y tiens plus.

Madame Dumont tremblait au
point que tout son fauteuil en était
agité. Eh bien ! Eh bien ! demandait-
elle d'une voix oppressée, et Solsirépifpan ?.. —Parlons maintenant de
lui, reprit la sultane ; ceci est digne

de toute attention... Mais , mesdames , s'interrompit-elle tout à
coup, n'est-ce pas une flamme que
je vois briller de l'autre côté de la
place ; dans l'appartement tout vis-
à-vis ? — Ah mon D eu , s'écrie mademoiselle Rose ; madame Dumont,
tenez , c'est chez lui ; le vieux fou
est de retour et tout en arrivant il
aura fait quelque malheur; Dieu !
sa croisée est embrasée !,.

Mademoiselle Rose et la chère
miss sont descendues précipitam-
ment. A leur arrivée sur la place,
la scène a changé. Le feu n'était
pas chez M. Orgont ; une expérience
de physique a donné cette fausse

alarme. Remontez , criait madame
Dumont, venez continuer, nous en
sommes à Solsirépifpan. » Et tenant
la fenêtre entr'ouverte, elle bouil-
lait d'impatience en voyant son
amie comme immobile. «Mais viens
donc, Rose, se prit-elle à dire de
nouveau ; tu restes là comme une
momie. » Mademoiselle Rose se décida enfin à rejoindre madame Dumont, mais elle pouvait marcher
à peine. Il faut bien dire ici l'aventure étrange qui venait de lui arriver. Comme elle se retournait
avec empressement, un homme en
manteau bleu galonné en or, et remarquable par un emplâtre sur

l'œil gauche, tenait la chère miss
entre ses bras ; il a couru la déposer
dans une voiture arrêtée à quelques
pas , s'y est précipité après elle , et
la voiture a disparu.

La pauvre mademoiselle Rose se
traîna chez elle plus morte que vive.
L'histoire rapporte qu'elle eût été
moins saisie si l'événement lui eût
été personnel. — Tout est perdu !
s'écria-t-elle en entrant , miss est
partie !.. Se jetant alors sur le ca-
napé , elle donna les détails de l'en-
lèvement et surtout le signalement
du ravisseur. Madame Dumont n'en
pouvait revenir et voulait que son
amie rêvât. Par exemple voilà qui

est fort ! disait-elle. Quoi , préci_
sément au moment où elle allait
enfin nous parler de Solsirépifpan,
En vérité, chère Rose , tu as commis là une grande imprudence en
laissant descendre la sultane , tu
devais te méfier d'une surprise ;
oui , tu as eu tort , très tort , sans
doute Terribiliformoud est à Paris ;
mais qu'aperçois-je donc sur la
place ? tiens , Rose , regarde , toi
qui as meilleure vue que moi.

Mademoiselle Rose s'empresse de
regarder. Ceci était sérieux , car il
ne s'agissait de rien moins que de
crier *à la garde*. Ces dames remar-
quaient sur la place un homme en

manteau bleu et portant un emplâtre
sur l'œil gauche ; c'était un marchand de poudre pour les dents.

J'espère , dit madame Dumont ,
que tu as rêvé ; car miss n'eût sans
doute pas été enlevée par un esca
moteur. — Je vous proteste, repartit mademoiselle Rose, que c'est lui,
et bien lui-même ; ah ! le misérable ! je ne m'étonne plus si elle a été
enlevée aussi subtilement : vengeance !.. madame Dumont, vous
le voyez maintenant, si tout ceci
est digne de notre attention ! Mais,
comment faire ? Crions... — Non,
non, il s'enfuira ; écoute,.. — Mais,
si j'écoute, il peut partir....,

Les deux amies en étaient là, et madame Dumont elle-même, oubliant son voisin, ne songeait plus qu'à la singularité de cette nouvelle aventure, quand tout-à-coup le marchand de poudre, quittant ses spectateurs, s'avance de leur côté. — Eh! mon Dieu, s'écrie madame Dumont, je crois qu'il vient ici, nous sommes perdues! — Perdues! répond mademoiselle Rose, n'ayez pas peur; ne voyez-vous pas que l'infortunée aura supplié le barbare de venir au moins nous donner de ses nouvelles.... Mais c'est ici qu'il faut montrer de la tête, laissez-moi faire.

On sonne en effet et l'escamoteur est annoncé. On le fait entrer. Mademoiselle Rose sort aussitôt, prévient Marie et Catherine, afin qu'en cas de danger elles se tiennent prêtes à accourir, revient, ferme les portes, et toisant des yeux l'inconnu, s'écrie d'un ton solennel : *Barbare ravisseur, qui êtes-vous?* Celui-ci veut balbutier une réponse: La sultane m'a chargé, dit-il... — Point de détours, reprend mademoiselle Rose, qui êtes-vous ? où avez-vous conduit la chère miss ?.. — Non, point de détours, s'écrie alors madame Dumont, qui se rassurait en le voyant trembler ; répondez ou sinon...

L'inconnu répond que la sultane est en ce moment à Paris même chez l'ambassadeur des Kirguis ; que coupable en apparence, il n'a pourtant fait qu'agir en faveur de l'infortunée.

Mais qui êtes-vous donc, généreux étranger, demanda enfin mademoiselle Rose, vous dont les traits ont tant de rapport avec ceux qui nous sont chers? vous qui montrez tant d'attachement pour la pauvre miss? — Qui je suis ! répond l'inconnu ; vous voyez... Fidélistan.

— Fidélistan !....

Madame Dumont s'est levée; Mademoiselle Rose a couru découvrir un fauteuil garni en soie, et l'a présenté au prince qui l'a reçu avec un salut plein de grâce et de dignité, et a refusé de s'asseoir avant ces dames.

Ces dames ne se contentèrent pas de le reconduire ; elles voulurent l'accompagner assez loin. Il mit ses gobelets dans ses poches, et s'obstina à porter lui-même sa table sous son bras. Les amies, descendues avec lui, traversèrent la place à ses côtés, marquant dans leur maintien et leur conversation une grande déférence pour le personnage qui marchait entr'elles. Elle n'oublièrent pas de faire dire les choses les plus tendres à la chère miss, et ne se séparèrent du prince qu'après lui avoir fait chacune une triple révérence.

Comme on le suivit alors des yeux, on romarqua que, pour un homme qui avait une table sous le bras, et dans ses poches des gobelets qui lui battaient sur les jarrets, il avait une tournure encore fort agréable. On ne le perdit de vue que pour continuer de s'entretenir de lui. Mademoiselle Rose ne se lassait pas de vanter son excellent ton, ses manières et surtout sa courtoisie. — Mais que dites-vous donc, ne cessait-elle de répéter, d'une telle ressemblance avec la chère Alton ?... A propos, mon amie, avez-vous fait attention à un passage de son récit qui m'a beaucoup frappée ?... — Je sais, je sais interrompit madame Dumont, tu veux parler de l'empereur de la Chine qui les a fait placer à sa gauche ? Eh bien, qu'est-ce que l'empereur de la Chine a de commun avec le grand kan des Tartares ? Oh ! monsieur Orgont ne nous en contera pas.

— Par exemple, repartit mademoiselle Rose, j'aime bien la question que vous me faites là ! il me semble, madame Dumont, que vous êtes plus que moi en état d'approfondir ce sujet. Madame Dumont répliqua: En vérité, chère Rose, j'ai eu des enfans; mais tu me croiras si tu veux, je te proteste que c'était sans avoir jamais éprouvé la moindre peur. Ne serait-ce pas ici une manière délicate de dire les choses ? car, s'il t'en souvient, cette peur fut suivie d'un évanouissement, et ces momens-là... — Oh oui, interrompit vivement mademoiselle Rose, ces momens-là sont fort dangereux ! et malheureusement j'y suis bien sujette......

Ces dames se rapprochaient de

leur demeure, quand tout à coup elles remarquèrent un vieil aveugle ayant une barbe longue et épaisse. — Ah! mon Dieu, se dirent-elles réciproquement, voilà Misalabrouck ! Elles s'avancèrent aussitôt et restèrent à le considérer. Il suffit, à Paris, qu'une personne ou deux s'arrêtent pour que tous les passans s'arrêtent également; en peu de minutes l'aveugle fut entouré d'une grande foule, qui regardait attentivement sans savoir ce qu'il y avait de remarquable. Les questions ne cessaient de se renouveler. Madame Dumont et mademoiselle Rose répondaient à droite et à gauche :

c'est un pauvre murse caratapalpac;
nous le connaissons beaucoup; c'est
son noble courage qui l'a réduit
à ce triste sort. *Heureusement que
demain il sera pensionné de l'ambassadeur des* Tirguis. Mademoiselle Rose mit quelques sous dans la
tasse de l'aveugle, et lui dit à mi-
voix : *Dieu vous récompense, bon
murse! nous allons écrire au sultan
et j'espère que vos malheurs finiront
avant peu.* La foule restait ébahie.
Qu'entendez-vous par un murse ca-
ratalpap ? demanda un jeune homme à mademoiselle Rose. Celle-ci
eût été fort embarrassée de le dire,
mais elle ne se déconcerta point ;

Comment à votre âge, monsieur, pouvez-vous faire une pareille question ? répondit-elle avec dignité ; et prenant aussitôt le bras de son amie, toutes deux s'éloignèrent à grands pas.

Il n'y avait plus de raison pour qu'une erreur si chère dût s'évanouir enfin ; mais en arrivant chez elles, ces dames trouvèrent M. Orgont, qui riait de tout son cœur, et qui leur demanda des nouvelles de la sultane, du murse et de tout le reste. Qu'on se figure bien ce coup de théâtre : de grands éclats de rire d'un côté ; de l'autre, du dépit, de la fureur, des projets de vengeance...

et enfin la proposition d'une parti
de piquet. La bonne madame Du
mont, après avoir beaucoup ri d
tour, assura qu'elle s'en était dou
tée ; mais elle se promit bien d'êt
à l'avenir plus sobre de questions.

Quant à la véritable histoire de l
chanteuse, elle n'est pas longue
Cette jeune personne avait fui d
chez ses parens et s'était enga
dans une troupe de comédiens. S
trouvant alors sans emploi et dan
la misère, elle évitait de se fair
connaître, dans la crainte que so
état actuel ne lui nuisît par la suite

FIN.

Impr. de P. Baudouin, rue Mignon, 2

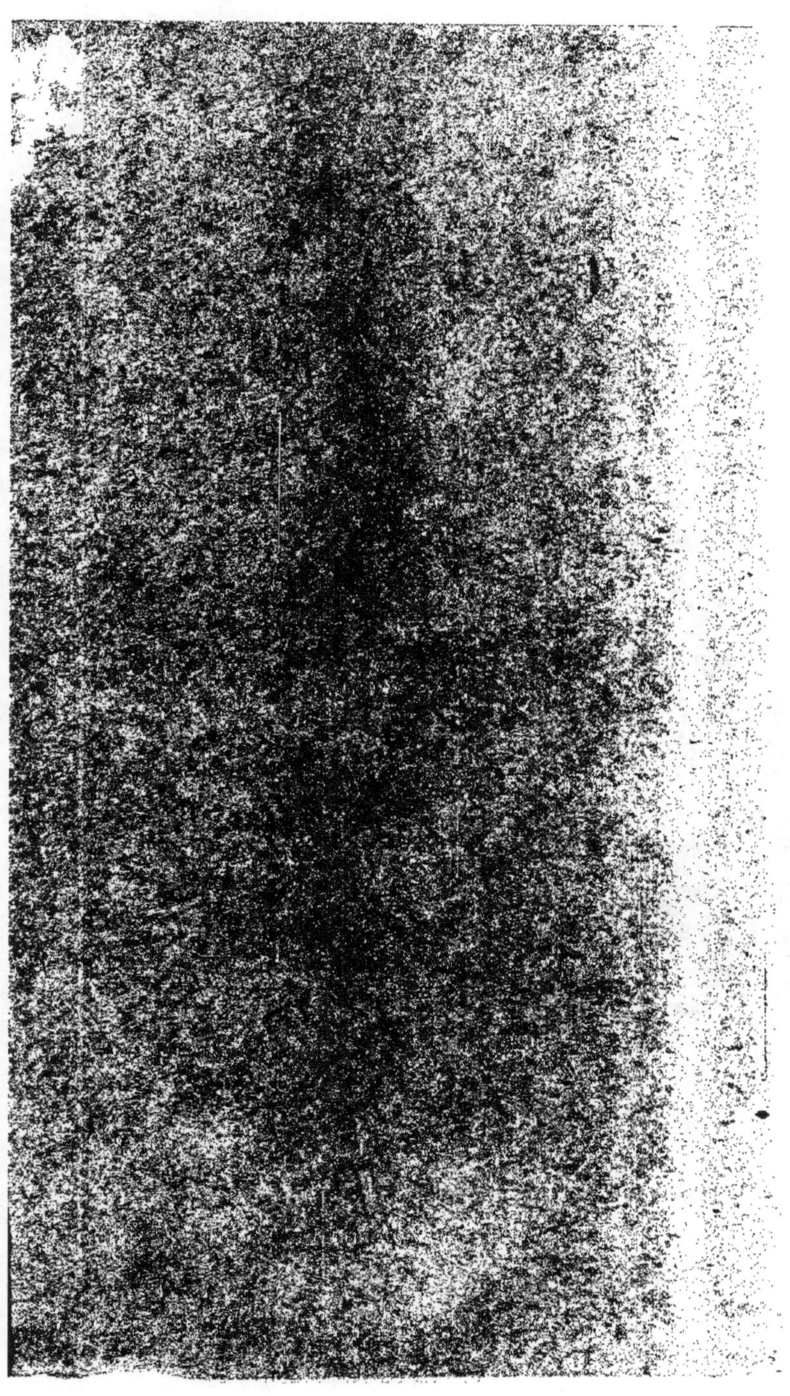

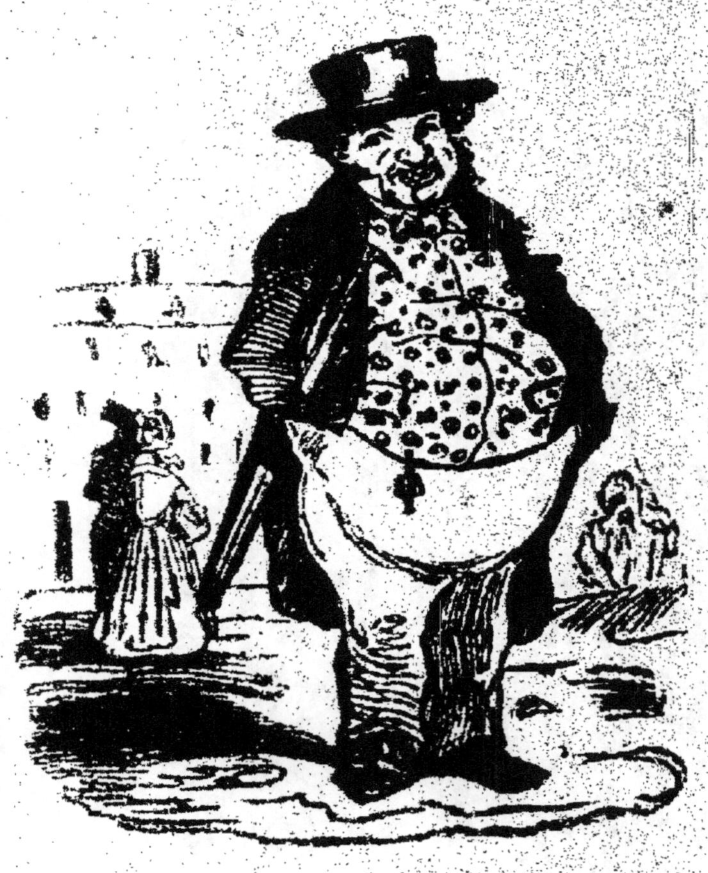